# Table des matières

# Introduction à la division

12 créatures sont divisées en groupes de 4.

Il y a 3 groupes égaux de 4 créatures.

**12 ÷ 4 = 3**

| Savais-tu que tu pouvais écrire une division de 2 manières différentes? | 12  ÷  2  =  6 dividende  diviseur  quotient | 6 ← quotient 2)12 ← dividende diviseur |

Écris la phrase mathématique représentée par le dessin.

\_\_\_\_ ÷ \_\_\_\_ = \_\_\_\_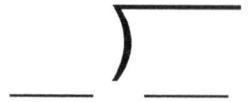

\_\_\_\_ ÷ \_\_\_\_ = \_\_\_\_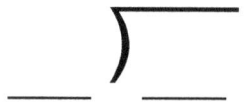

\_\_\_\_ ÷ \_\_\_\_ = \_\_\_\_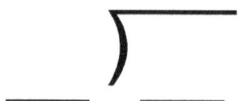

# Introduction à la division (suite)

Écris la phrase mathématique représentée par le dessin.

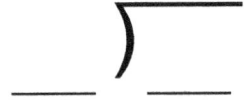

_____ ÷ _____ = _____

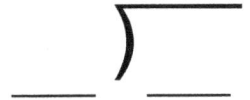

_____ ÷ _____ = _____

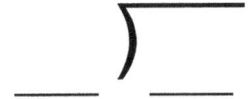

_____ ÷ _____ = _____

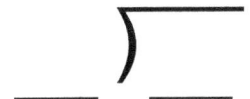

_____ ÷ _____ = _____

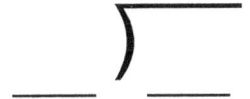

_____ ÷ _____ = _____

# Introduction à la division (suite)

Écris la phrase mathématique représentée par le dessin.

\_\_\_\_ ÷ \_\_\_\_ = \_\_\_\_

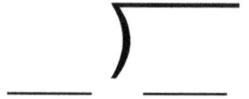

\_\_\_\_ ÷ \_\_\_\_ = \_\_\_\_

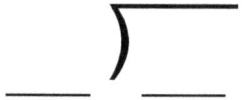

\_\_\_\_ ÷ \_\_\_\_ = \_\_\_\_

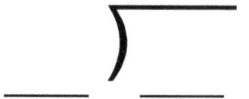

\_\_\_\_ ÷ \_\_\_\_ = \_\_\_\_

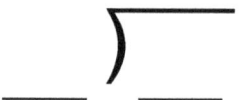

\_\_\_\_ ÷ \_\_\_\_ = \_\_\_\_

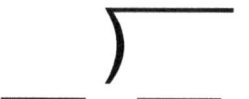

# Introduction à la division (suite)

Divise les créatures en différents groupes égaux.
Encercle chaque groupe. Complète la division.

Divise 10 créatures en groupes de 5.

_____ groupes

$10 \div 5 =$ _____

Divise 18 créatures en groupes de 6.

_____ groupes

$18 \div 6 =$ _____

Divise 8 créatures en groupes de 2.

_____ groupes

$8 \div 2 =$ _____

Divise 12 créatures en groupes de 4.

_____ groupes

$12 \div 4 =$ _____

# Introduction à la division (suite)

Divise les créatures en différents groupes égaux.
Encercle chaque groupe. Complète la division.

Divise 15 créatures en groupes de 5.

_____ groupes                                        15 ÷ 5 = _____

Divise 9 créatures en groupes de 3.

_____ groupes                                        9 ÷ 3 = _____

Divise 14 créatures en groupes de 7.

_____ groupes                                        14 ÷ 7 = _____

Divise 16 créatures en groupes de 4.

_____ groupes                                        16 ÷ 4 = _____

# Diviser en comptant par bonds

$18 \div 3 =$

$$3 + 3 + 3 + 3 + 3 + 3 = 18$$

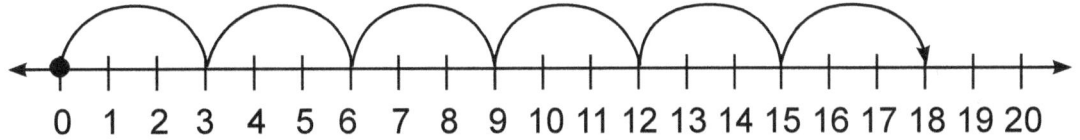

Il faut faire 6 bonds de 3 unités pour se rendre à 18.     $18 \div 3 = \underline{\mathbf{6}}$

Fais des bonds sur la droite numérique pour diviser.
Écris ensuite la réponse que tu obtiens.

$= \underline{\hspace{2cm}}$

$16 \div 4 =$

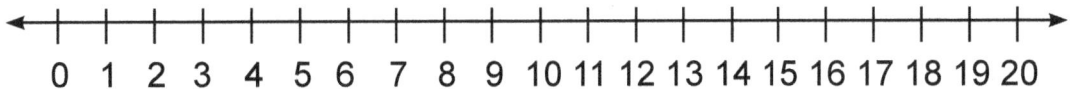

Il faut faire _____ bonds de 4 unités pour se rendre à ____.     $16 \div 4 = \_\_\_$

$= \underline{\hspace{2cm}}$

$15 \div 3 =$

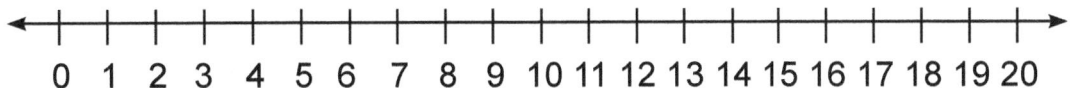

Il faut faire _____ bonds de ____ unités pour se rendre à ____.     $15 \div 3 = \_\_\_$

# Diviser en comptant par bonds (suite)

Fais des bonds sur la droite numérique pour diviser.
Écris ensuite la réponse que tu obtiens.

= _____

$20 \div 5 =$

```
← |  |  |  |  |  |  |  |  |  |  |  |  |  |  |  |  |  |  |  |  | →
  0  1  2  3  4  5  6  7  8  9 10 11 12 13 14 15 16 17 18 19 20
```

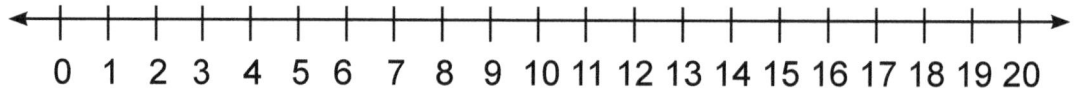

Il faut faire _____ bonds de _____ unités pour se rendre à _____.  $20 \div 5 =$ ___

= _____

$15 \div 5 =$

```
← |  |  |  |  |  |  |  |  |  |  |  |  |  |  |  |  |  |  |  |  | →
  0  1  2  3  4  5  6  7  8  9 10 11 12 13 14 15 16 17 18 19 20
```

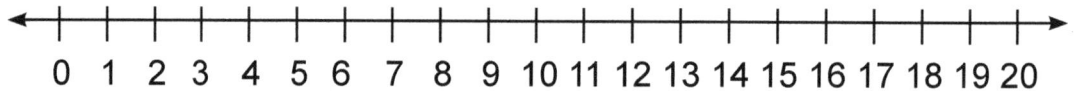

Il faut faire _____ bonds de _____ unités pour se rendre à _____.  $15 \div 5 =$ ___

= _____

$12 \div 4 =$

```
← |  |  |  |  |  |  |  |  |  |  |  |  |  |  |  |  |  |  |  |  | →
  0  1  2  3  4  5  6  7  8  9 10 11 12 13 14 15 16 17 18 19 20
```

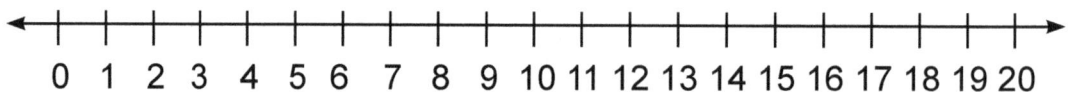

Il faut faire _____ bonds de _____ unités pour se rendre à _____.  $12 \div 4 =$ ___

# Diviser en comptant par bonds (suite)

Fais des bonds sur la droite numérique pour diviser.
Écris ensuite la réponse que tu obtiens.

= _____

$16 \div 2 =$

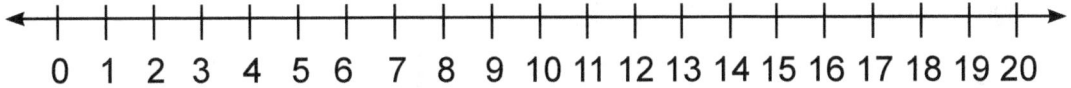

$$0 \quad 1 \quad 2 \quad 3 \quad 4 \quad 5 \quad 6 \quad 7 \quad 8 \quad 9 \quad 10 \quad 11 \quad 12 \quad 13 \quad 14 \quad 15 \quad 16 \quad 17 \quad 18 \quad 19 \quad 20$$

Il faut faire \_\_\_\_\_ bonds de \_\_\_\_ unités pour se rendre à \_\_\_\_. $16 \div 2 =$ \_\_\_

= _____

$18 \div 3 =$

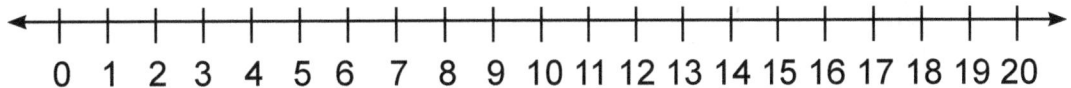

$$0 \quad 1 \quad 2 \quad 3 \quad 4 \quad 5 \quad 6 \quad 7 \quad 8 \quad 9 \quad 10 \quad 11 \quad 12 \quad 13 \quad 14 \quad 15 \quad 16 \quad 17 \quad 18 \quad 19 \quad 20$$

Il faut faire \_\_\_\_\_ bonds de \_\_\_\_ unités pour se rendre à \_\_\_\_. $18 \div 3 =$ \_\_\_

= _____

$20 \div 4 =$

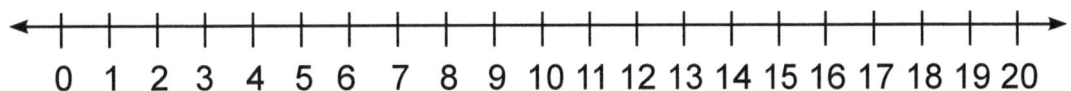

$$0 \quad 1 \quad 2 \quad 3 \quad 4 \quad 5 \quad 6 \quad 7 \quad 8 \quad 9 \quad 10 \quad 11 \quad 12 \quad 13 \quad 14 \quad 15 \quad 16 \quad 17 \quad 18 \quad 19 \quad 20$$

Il faut faire \_\_\_\_\_ bonds de \_\_\_\_ unités pour se rendre à \_\_\_\_. $20 \div 4 =$ \_\_\_

# Le lien entre la multiplication et la division

Utilise un tableau pour compléter chaque phrase mathématique.

| Multiplier | Diviser |
|---|---|
| 2 × __5__ = 10 | 10 ÷ 2 = __5__ |
| ↑ 2 rangées ↑ 5 colonnes ↑ nombre total de carrés | ↑ nombre total de carrés ↑ 2 rangées ↑ 5 colonnes |

a)

$3 \times$ _____ $= 15$      $15 \div 3 =$ _____

b)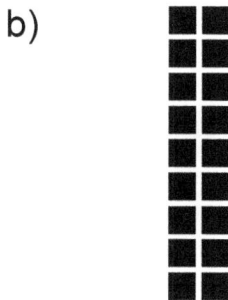

_____ $\times 2 = 18$      $18 \div 9 =$ _____

c)

_____ $\times 4 = 16$      $16 \div 4 =$ _____

d)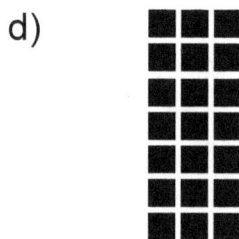

$7 \times$ _____ $= 21$      $21 \div 7 =$ _____

e)

_____ $\times 10 = 40$      $40 \div 4 =$ _____

# Le lien entre la multiplication et la division (suite)

Utilise un tableau pour compléter chaque phrase mathématique.

a)

$2 \times$ _____ $= 12$

$12 \div 2 =$ _____

b)

$3 \times$ _____ $= 24$

$24 \div 3 =$ _____

c)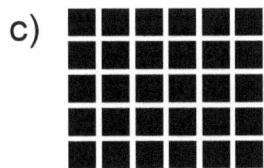

_____ $\times 6 = 30$

$30 \div 5 =$ _____

d)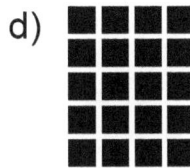

_____ $\times 4 = 20$

$20 \div 5 =$ _____

e)

_____ $\times 9 = 27$

$27 \div 3 =$ _____

f)

_____ $\times 12 = 36$

$36 \div 3 =$ _____

# Le lien entre la multiplication et la division (suite)

Utilise un tableau pour compléter chaque phrase mathématique.

a)

$2 \times \underline{\hspace{1cm}} = 20$

$20 \div 2 = \underline{\hspace{1cm}}$

b)

$3 \times \underline{\hspace{1cm}} = 33$

$33 \div 3 = \underline{\hspace{1cm}}$

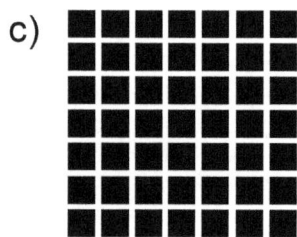

c)

$\underline{\hspace{1cm}} \times 7 = 49$

$49 \div 7 = \underline{\hspace{1cm}}$

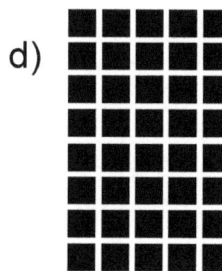

d)

$\underline{\hspace{1cm}} \times 5 = 40$

$40 \div 8 = \underline{\hspace{1cm}}$

e)

$5 \times \underline{\hspace{1cm}} = 45$

$45 \div 5 = \underline{\hspace{1cm}}$

f)

$5 \times \underline{\hspace{1cm}} = 60$

$60 \div 5 = \underline{\hspace{1cm}}$

## Utilise un tableau pour trouver le quotient

Utilise un tableau pour t'aider à trouver le quotient.

**Diviser**

$$20 \div 4 = \underline{\quad 5 \quad}$$

nombre total de carrés

4 rangées

5 colonnes

a)

$15 \div 5 = \underline{\quad\quad}$

b)

$14 \div 7 = \underline{\quad\quad}$

c)

$20 \div 4 = \underline{\quad\quad}$

d)

$12 \div 4 = \underline{\quad\quad}$

e)

$8 \div 2 = \underline{\quad\quad}$

f)

$9 \div 3 = \underline{\quad\quad}$

g)

$16 \div 8 = \underline{\quad\quad}$

Utilise un tableau pour compléter chaque phrase mathématique.

a)

$25 \div 5 =$ _____

b)

$36 \div 6 =$ _____

c)

$60 \div 5 =$ _____

d)

$10 \div 2 =$ _____

e)

$24 \div 12 =$ _____

f)

$21 \div 3 =$ _____

g)

$40 \div 5 =$ _____

h)

$50 \div 5 =$ _____

# Utilise un tableau pour trouver le quotient (suite)

Utilise un tableau pour compléter chaque phrase mathématique.

a)

$30 \div 5 =$ _____

b)

$24 \div 6 =$ _____

c)

$48 \div 12 =$ _____

d)

$32 \div 4 =$ _____

e)

$16 \div 2 =$ _____

f)

$27 \div 3 =$ _____

g)

$64 \div 8 =$ _____

h)

$70 \div 10 =$ _____

# Le lien entre la multiplication et la division

Utilise les tables de multiplication pour t'aider à trouver le quotient.

a)  $11 \times 3 = 33$

    $33 \div 11 = $ _____

b)  $9 \times 7 = 63$

    $63 \div 7 = $ _____

c)  $6 \times 7 = 42$

    $42 \div 6 = $ _____

d)  $4 \times 10 = 40$

    $40 \div 4 = $ _____

e)  $9 \times 5 = 45$

    $45 \div 9 = $ _____

f)  $2 \times 8 = 16$

    $16 \div 2 = $ _____

g)  $9 \times 9 = 81$

    $81 \div 9 = $ _____

h)  $7 \times 11 = 77$

    $77 \div 7 = $ _____

i)  $8 \times 1 = 8$

    $8 \div 8 = $ _____

j)  $8 \times 5 = 40$

    $40 \div 8 = $ _____

k)  $9 \times 12 = 108$

    $108 \div 9 = $ _____

l)  $11 \times 11 = 121$

    $121 \div 11 = $ _____

# Le lien entre la multiplication et la division (suite)

Utilise les tables de multiplication pour t'aider à trouver le quotient.

a) $2 \times 3 = 6$

$6 \div 2 =$ _____

b) $6 \times 9 = 54$

$54 \div 6 =$ _____

c) $2 \times 8 = 16$

$16 \div 2 =$ _____

d) $4 \times 7 = 28$

$28 \div 4 =$ _____

e) $7 \times 12 = 84$

$84 \div 7 =$ _____

f) $5 \times 6 = 30$

$30 \div 5 =$ _____

g) $9 \times 2 = 18$

$18 \div 9 =$ _____

h) $8 \times 11 = 88$

$88 \div 8 =$ _____

i) $9 \times 1 = 9$

$9 \div 9 =$ _____

j) $6 \times 8 = 48$

$48 \div 6 =$ _____

k) $9 \times 11 = 99$

$99 \div 9 =$ _____

l) $11 \times 10 = 110$

$110 \div 11 =$ _____

# Utilise les tables de multiplications pour diviser par 0 et 1

Lorsqu'on divise un nombre (sauf 0) par lui-même, le quotient est toujours 1.

Par exemple, $5 \div 5 = 1$.

Trouve la multiplication équivalente pour t'aider.

$5 \times 1 = 5$, donc $5 \div 5 = 1$

Lorsqu'on divise un nombre par 1, le quotient est toujours le même que le dividende.

Par exemple, $8 \div 1 = 8$.

Trouve la multiplication équivalente pour t'aider.
$8 \times 1 = 8$, donc $8 \div 1 = 8$

Lorsqu'on divise 0 par n'importe quel nombre (sauf 0), le quotient est toujours 0.

Par exemple, $0 \div 3 = 0$.

Trouve la multiplication équivalente pour t'aider.

$3 \times 0 = 0$, donc $0 \div 3 = 0$

Il est impossible de diviser un nombre par 0.

Complète les divisions suivantes.

$0 \div 7 = $ _____    $12 \div 12 = $ _____    $10 \div 1 = $ _____    $0 \div 6 = $ _____

$5 \div 1 = $ _____    $0 \div 4 = $ _____    $3 \div 3 = $ _____    $7 \div 7 = $ _____

$0 \div 1 = $ _____    $11 \div 1 = $ _____    $0 \div 8 = $ _____    $6 \div 1 = $ _____

$8 \div 8 = $ _____    $0 \div 9 = $ _____    $9 \div 1 = $ _____    $0 \div 2 = $ _____

# Diviser par 2

Associe les phrases mathématiques à leur quotient.
Indice : exerce-toi à compter par bonds de 2!

| | |
|---|---|
| $0 \div 2 = $ ___ | 4 |
| $2 \div 2 = $ ___ | 9 |
| $4 \div 2 = $ ___ | 6 |
| $6 \div 2 = $ ___ | 8 |
| $8 \div 2 = $ ___ | 11 |
| $10 \div 2 = $ ___ | 3 |
| $12 \div 2 = $ ___ | 12 |
| $14 \div 2 = $ ___ | 7 |
| $16 \div 2 = $ ___ | 1 |
| $18 \div 2 = $ ___ | 10 |
| $20 \div 2 = $ ___ | 0 |
| $22 \div 2 = $ ___ | 5 |
| $24 \div 2 = $ ___ | 2 |

# Charade mathématique

## Qu'est-ce qui a 4 pattes mais qui ne peut pas marcher?

$$\underline{\phantom{xx}}\ \underline{\phantom{xx}}\ \underline{\phantom{xx}}\ /\ \underline{\phantom{xx}}\ \underline{\phantom{xx}}\ \underline{\phantom{xx}}\ \underline{\phantom{xx}}\ \underline{\phantom{xx}}\ \underline{\phantom{xx}}$$
$$\ \ 2\ \ \ \ 12\ \ 11\ \ \ \ 8\ \ \ 3\ \ \ \ 9\ \ \ \ 4\ \ \ \ 6\ \ \ 11$$

**Attention!** Certaines lettres ne sont pas utilisées dans la charade!

Trouve le quotient.

| A | B | C |
|---|---|---|
| $18 \div 2 = \underline{\phantom{xx}}$ | $2 \div 2 = \underline{\phantom{xx}}$ | $16 \div 2 = \underline{\phantom{xx}}$ |
| **E** | **H** | **G** |
| $22 \div 2 = \underline{\phantom{xx}}$ | $6 \div 2 = \underline{\phantom{xx}}$ | $0 \div 2 = \underline{\phantom{xx}}$ |
| **I** | **M** | **N** |
| $8 \div 2 = \underline{\phantom{xx}}$ | $10 \div 2 = \underline{\phantom{xx}}$ | $24 \div 2 = \underline{\phantom{xx}}$ |
| **R** | **S** | **U** |
| $14 \div 2 = \underline{\phantom{xx}}$ | $12 \div 2 = \underline{\phantom{xx}}$ | $4 \div 2 = \underline{\phantom{xx}}$ |

Trouve le dividende manquant.

| | | | |
|---|---|---|---|
| $\underline{\phantom{xx}} \div 2 = 2$ | $\underline{\phantom{xx}} \div 2 = 8$ | $\underline{\phantom{xx}} \div 2 = 10$ | $\underline{\phantom{xx}} \div 2 = 1$ |
| $\underline{\phantom{xx}} \div 2 = 11$ | $\underline{\phantom{xx}} \div 2 = 6$ | $\underline{\phantom{xx}} \div 2 = 12$ | $\underline{\phantom{xx}} \div 2 = 0$ |

# Diviser par 3

Associe les phrases mathématiques à leur quotient.
Indice : exerce-toi à compter par bonds de 3!

| |
|---|
| $0 \div 3 = \underline{\phantom{00}}$ |
| $3 \div 3 = \underline{\phantom{00}}$ |
| $6 \div 3 = \underline{\phantom{00}}$ |
| $9 \div 3 = \underline{\phantom{00}}$ |
| $12 \div 3 = \underline{\phantom{00}}$ |
| $15 \div 3 = \underline{\phantom{00}}$ |
| $18 \div 3 = \underline{\phantom{00}}$ |
| $21 \div 3 = \underline{\phantom{00}}$ |
| $24 \div 3 = \underline{\phantom{00}}$ |
| $27 \div 3 = \underline{\phantom{00}}$ |
| $30 \div 3 = \underline{\phantom{00}}$ |
| $33 \div 3 = \underline{\phantom{00}}$ |
| $36 \div 3 = \underline{\phantom{00}}$ |

| |
|---|
| 6 |
| 5 |
| 9 |
| 7 |
| 10 |
| 8 |
| 11 |
| 4 |
| 12 |
| 0 |
| 1 |
| 2 |
| 3 |

# Charade mathématique

## Qu'est-ce qui a 4 dents mais qui ne peut pas manger?

$$\overline{\phantom{x}}\ \overline{\phantom{x}}\ \overline{\phantom{x}}\ /\ \overline{\phantom{x}}\ \overline{\phantom{x}}\ \overline{\phantom{x}}\ \overline{\phantom{x}}\ \overline{\phantom{x}}\ \overline{\phantom{x}}\ \overline{\phantom{x}}\ \overline{\phantom{x}}\ \overline{\phantom{x}}\ \overline{\phantom{x}}$$

| 1 | 12 | 11 | | 4 | 10 | 1 | 9 | 8 | 2 | 11 | 3 | 3 | 11 |

Trouve le quotient.

| A | U | C |
|---|---|---|
| $15 \div 3 = \underline{\phantom{xx}}$ | $3 \div 3 = \underline{\phantom{xx}}$ | $24 \div 3 = \underline{\phantom{xx}}$ |
| **E** | **H** | **I** |
| $33 \div 3 = \underline{\phantom{xx}}$ | $6 \div 3 = \underline{\phantom{xx}}$ | $21 \div 3 = \underline{\phantom{xx}}$ |
| **R** | **N** | **O** |
| $27 \div 3 = \underline{\phantom{xx}}$ | $36 \div 3 = \underline{\phantom{xx}}$ | $30 \div 3 = \underline{\phantom{xx}}$ |
| **P** | **F** | **T** |
| $18 \div 3 = \underline{\phantom{xx}}$ | $12 \div 3 = \underline{\phantom{xx}}$ | $9 \div 3 = \underline{\phantom{xx}}$ |

Trouve le dividende manquant.

| | | | |
|---|---|---|---|
| $\underline{\phantom{xx}} \div 3 = 6$ | $\underline{\phantom{xx}} \div 3 = 8$ | $\underline{\phantom{xx}} \div 3 = 5$ | $\underline{\phantom{xx}} \div 3 = 10$ |
| $\underline{\phantom{xx}} \div 3 = 7$ | $\underline{\phantom{xx}} \div 3 = 9$ | $\underline{\phantom{xx}} \div 3 = 12$ | $\underline{\phantom{xx}} \div 3 = 3$ |

# Diviser par 1, 2 et 3

Associe les phrases mathématiques à leur quotient. Colorie les phrases mathématiques ayant des quotients impairs en rouge et ceux pairs en bleu.

| | | |
|---|---|---|
| $0 \div 1 =$ | **3** | $9 \div 3 =$ |
| $12 \div 2 =$ | **9** | $5 \div 1 =$ |
| $15 \div 3 =$ | **7** | $21 \div 3 =$ |
| $11 \div 1 =$ | **5** | $24 \div 2 =$ |
| $20 \div 2 =$ | **10** | $1 \div 1 =$ |
| $36 \div 3 =$ | **4** | $22 \div 2 =$ |
| $4 \div 2 =$ | **12** | $12 \div 3 =$ |
| $14 \div 2 =$ | **2** | $10 \div 1 =$ |
| $3 \div 3 =$ | **6** | $16 \div 2 =$ |
| $6 \div 2 =$ | **11** | $18 \div 3 =$ |
| $8 \div 2 =$ | **1** | $27 \div 3 =$ |
| $16 \div 2 =$ | **0** | $4 \div 2 =$ |
| $18 \div 2 =$ | **8** | $0 \div 3 =$ |

# Diviser par 1, 2 et 3 (suite)

Trouve le quotient.

| | | | |
|---|---|---|---|
| $30 \div 3 =$ ___ | $10 \div 2 =$ ___ | $21 \div 3 =$ ___ | $1 \div 1 =$ ___ |
| $22 \div 2 =$ ___ | $36 \div 3 =$ ___ | $12 \div 1 =$ ___ | $8 \div 2 =$ ___ |
| $10 \div 1 =$ ___ | $24 \div 3 =$ ___ | $24 \div 2 =$ ___ | $8 \div 1 =$ ___ |
| $18 \div 3 =$ ___ | $6 \div 2 =$ ___ | $12 \div 3 =$ ___ | $11 \div 1 =$ ___ |
| $12 \div 2 =$ ___ | $7 \div 1 =$ ___ | $14 \div 2 =$ ___ | $33 \div 3 =$ ___ |
| $9 \div 3 =$ ___ | $5 \div 1 =$ ___ | $27 \div 3 =$ ___ | $0 \div 1 =$ ___ |
| $4 \div 2 =$ ___ | $6 \div 3 =$ ___ | $9 \div 1 =$ ___ | $2 \div 2 =$ ___ |

Utilise une division par crochet pour trouver le quotient.

a) $1\overline{)6}$

b) $3\overline{)3}$

c) $2\overline{)12}$

d) $1\overline{)4}$

e) $3\overline{)24}$

f) $2\overline{)16}$

g) $2\overline{)8}$

h) $3\overline{)30}$

i) $2\overline{)4}$

j) $1\overline{)5}$

k) $3\overline{)12}$

l) $2\overline{)22}$

m) $2\overline{)18}$

n) $3\overline{)27}$

o) $1\overline{)8}$

p) $2\overline{)10}$

# Charade mathématique

## Qu'est-ce qui a un pied mais qui ne peut pas marcher?

$$\frac{}{2} \ \frac{}{10} \ / \ \frac{}{12} \ \frac{}{3} \ \frac{}{8} \ \frac{}{6} \ \frac{}{15} \ \frac{}{7} \ \frac{}{2} \ \frac{}{10} \ \frac{}{5} \ \frac{}{10}$$

**Attention!**
Certaines lettres ne sont pas utilisées dans la charade!

Trouve le quotient.

| A | B | C | D |
|---|---|---|---|
| $3\overline{)24}$ | $3\overline{)33}$ | $3\overline{)36}$ | $2\overline{)28}$ |
| **E** | **F** | **G** | **H** |
| $3\overline{)6}$ | $1\overline{)6}$ | $2\overline{)4}$ | $3\overline{)9}$ |
| **I** | **P** | **U** | **L** |
| $2\overline{)14}$ | $2\overline{)30}$ | $1\overline{)2}$ | $3\overline{)12}$ |
| **M** | **N** | **O** | **R** |
| $2\overline{)12}$ | $3\overline{)30}$ | $2\overline{)10}$ | $3\overline{)18}$ |
| **S** | **Y** | **V** | **X** |
| $3\overline{)6}$ | $3\overline{)27}$ | $3\overline{)150}$ | $1\overline{)1}$ |

# Diviser par 4

Associe les phrases mathématiques à leur quotient.
Indice : exerce-toi à compter par bonds de 4!

| | |
|---|---|
| $0 \div 4 = \underline{\phantom{xx}}$ | 9 |
| $4 \div 4 = \underline{\phantom{xx}}$ | 4 |
| $8 \div 4 = \underline{\phantom{xx}}$ | 6 |
| $12 \div 4 = \underline{\phantom{xx}}$ | 0 |
| $16 \div 4 = \underline{\phantom{xx}}$ | 1 |
| $20 \div 4 = \underline{\phantom{xx}}$ | 12 |
| $24 \div 4 = \underline{\phantom{xx}}$ | 3 |
| $28 \div 4 = \underline{\phantom{xx}}$ | 7 |
| $32 \div 4 = \underline{\phantom{xx}}$ | 10 |
| $36 \div 4 = \underline{\phantom{xx}}$ | 11 |
| $40 \div 4 = \underline{\phantom{xx}}$ | 8 |
| $44 \div 4 = \underline{\phantom{xx}}$ | 5 |
| $48 \div 4 = \underline{\phantom{xx}}$ | 2 |

# Charade mathématique

## Je me vide en me remplissant. Qui suis-je?

$$\frac{\phantom{xx}}{10} \ \frac{\phantom{xx}}{5} \ / \ \frac{\phantom{xx}}{6} \ \frac{\phantom{xx}}{2} \ \frac{\phantom{xx}}{12} \ \frac{\phantom{xx}}{10} \ \frac{\phantom{xx}}{4} \ \frac{\phantom{xx}}{5} \ \frac{\phantom{xx}}{7} \ !$$

Trouve le quotient.

**Attention!**
Certaines lettres ne sont pas utilisées dans la charade!

| A | B | E |
|---|---|---|
| 8 ÷ 4 = ___ | 48 ÷ 4 = ___ | 20 ÷ 4 = ___ |
| **H** | **I** | **L** |
| 4 ÷ 4 = ___ | 16 ÷ 4 = ___ | 40 ÷ 4 = ___ |
| **M** | **N** | **R** |
| 36 ÷ 4 = ___ | 12 ÷ 4 = ___ | 28 ÷ 4 = ___ |
| **S** | **T** | **Y** |
| 24 ÷ 4 = ___ | 44 ÷ 4 = ___ | 32 ÷ 4 = ___ |

Trouve le dividende manquant.

| | | | |
|---|---|---|---|
| ___ ÷ 4 = 2 | ___ ÷ 4 = 9 | ___ ÷ 4 = 3 | ___ ÷ 4 = 1 |
| ___ ÷ 4 = 10 | ___ ÷ 4 = 7 | ___ ÷ 4 = 12 | ___ ÷ 4 = 5 |

# Diviser par 5

Associe les phrases mathématiques à leur quotient.
Indice : exerce-toi à compter par bonds de 5!

| | |
|---|---|
| $0 \div 5 =$ ___ | 4 |
| $5 \div 5 =$ ___ | 9 |
| $10 \div 5 =$ ___ | 8 |
| $15 \div 5 =$ ___ | 5 |
| $20 \div 5 =$ ___ | 10 |
| $25 \div 5 =$ ___ | 3 |
| $30 \div 5 =$ ___ | 12 |
| $35 \div 5 =$ ___ | 1 |
| $40 \div 5 =$ ___ | 7 |
| $45 \div 5 =$ ___ | 11 |
| $50 \div 5 =$ ___ | 2 |
| $55 \div 5 =$ ___ | 6 |
| $60 \div 5 =$ ___ | 0 |

# Charade mathématique

## J'ai 5 doigts mais je ne suis pas une main. Qui suis-je?

$$\underline{\phantom{xx}}\ \underline{\phantom{xx}}\ /\ \underline{\phantom{xx}}\ \underline{\phantom{xx}}\ \underline{\phantom{xx}}\ \underline{\phantom{xx}}$$
$$\quad 10\ \ 1\quad\ 9\quad 2\quad 1\quad 3$$

**Attention!**
Certaines lettres ne sont pas utilisées dans la charade!

Trouve le quotient.

| A | C | E |
|---|---|---|
| $10 \div 5 = \underline{\phantom{xx}}$ | $40 \div 5 = \underline{\phantom{xx}}$ | $25 \div 5 = \underline{\phantom{xx}}$ |
| **G** | **M** | **N** |
| $45 \div 5 = \underline{\phantom{xx}}$ | $35 \div 5 = \underline{\phantom{xx}}$ | $5 \div 5 = \underline{\phantom{xx}}$ |
| **O** | **R** | **S** |
| $60 \div 5 = \underline{\phantom{xx}}$ | $20 \div 5 = \underline{\phantom{xx}}$ | $55 \div 5 = \underline{\phantom{xx}}$ |
| **U** | **T** | **Y** |
| $50 \div 5 = \underline{\phantom{xx}}$ | $15 \div 5 = \underline{\phantom{xx}}$ | $30 \div 5 = \underline{\phantom{xx}}$ |

Trouve le dividende manquant.

| | | | |
|---|---|---|---|
| $\underline{\phantom{xx}} \div 5 = 8$ | $\underline{\phantom{xx}} \div 5 = 12$ | $\underline{\phantom{xx}} \div 5 = 10$ | $\underline{\phantom{xx}} \div 5 = 6$ |
| $\underline{\phantom{xx}} \div 5 = 3$ | $\underline{\phantom{xx}} \div 5 = 7$ | $\underline{\phantom{xx}} \div 5 = 9$ | $\underline{\phantom{xx}} \div 5 = 1$ |

# Diviser par 6

Associe les phrases mathématiques à leur quotient.
Indice : exerce-toi à compter par bonds de 6!

| | | |
|---|---|---|
| $0 \div 6 =$ ___ | | 8 |
| $6 \div 6 =$ ___ | | 9 |
| $12 \div 6 =$ ___ | | 6 |
| $18 \div 6 =$ ___ | | 5 |
| $24 \div 6 =$ ___ | | 11 |
| $30 \div 6 =$ ___ | | 7 |
| $36 \div 6 =$ ___ | | 12 |
| $42 \div 6 =$ ___ | | 3 |
| $48 \div 6 =$ ___ | | 10 |
| $54 \div 6 =$ ___ | | 4 |
| $60 \div 6 =$ ___ | | 0 |
| $66 \div 6 =$ ___ | | 1 |
| $72 \div 6 =$ ___ | | 2 |

# Charade mathématique

## Quel est le dessert préféré des pompiers?

$$\underline{\phantom{x}}\ \underline{\phantom{x}}\ /\ \underline{\phantom{x}}\ \underline{\phantom{x}}\ \underline{\phantom{x}}\ \underline{\phantom{x}}\ \underline{\phantom{x}}\ /\ \underline{\phantom{x}}\ \underline{\phantom{x}}\ \underline{\phantom{x}}\ \underline{\phantom{x}}\ \underline{\phantom{x}}\ \underline{\phantom{x}}\ !$$

7  3     6  4  5  1  8     11  4  10  7  2  8

**Attention!**
Certaines lettres ne sont pas utilisées dans la charade!

Trouve le quotient.

| A | E | F |
|---|---|---|
| 18 ÷ 6 = ___ | 48 ÷ 6 = ___ | 72 ÷ 6 = ___ |
| **C** | **É** | **L** |
| 36 ÷ 6 = ___ | 12 ÷ 6 = ___ | 42 ÷ 6 = ___ |
| **M** | **O** | **È** |
| 6 ÷ 6 = ___ | 54 ÷ 6 = ___ | 30 ÷ 6 = ___ |
| **R** | **B** | **U** |
| 24 ÷ 6 = ___ | 66 ÷ 6 = ___ | 60 ÷ 6 = ___ |

Trouve le dividende manquant.

| | | | |
|---|---|---|---|
| ___ ÷ 6 = 10 | ___ ÷ 6 = 8 | ___ ÷ 6 = 11 | ___ ÷ 6 = 5 |
| ___ ÷ 6 = 9 | ___ ÷ 6 = 4 | ___ ÷ 6 = 7 | ___ ÷ 6 = 3 |

# Diviser par 4, 5 et 6

Associe les phrases mathématiques à leur quotient. Colorie les phrases mathématiques ayant des quotients impairs en rouge et ceux pairs en bleu.

| | | |
|---|---|---|
| $0 \div 6 =$ | **7** | $10 \div 5 =$ |
| $60 \div 5 =$ | **9** | $28 \div 4 =$ |
| $8 \div 4 =$ | **4** | $20 \div 4 =$ |
| $66 \div 6 =$ | **5** | $0 \div 5 =$ |
| $20 \div 5 =$ | **12** | $32 \div 4 =$ |
| $36 \div 6 =$ | **3** | $24 \div 6 =$ |
| $6 \div 6 =$ | **10** | $50 \div 5 =$ |
| $35 \div 5 =$ | **2** | $44 \div 4 =$ |
| $12 \div 4 =$ | **0** | $48 \div 4 =$ |
| $54 \div 6 =$ | **8** | $45 \div 5 =$ |
| $40 \div 5 =$ | **1** | $6 \div 6 =$ |
| $40 \div 4 =$ | **6** | $24 \div 4 =$ |
| $30 \div 6 =$ | **11** | $15 \div 5 =$ |

# Diviser par 4, 5 et 6 (suite)

Trouve le quotient.

| | | | |
|---|---|---|---|
| $32 \div 4 =$ ___ | $5 \div 5 =$ ___ | $66 \div 6 =$ ___ | $36 \div 4 =$ ___ |
| $25 \div 5 =$ ___ | $36 \div 6 =$ ___ | $4 \div 4 =$ ___ | $0 \div 5 =$ ___ |
| $12 \div 6 =$ ___ | $24 \div 4 =$ ___ | $35 \div 5 =$ ___ | $6 \div 6 =$ ___ |
| $16 \div 4 =$ ___ | $45 \div 5 =$ ___ | $54 \div 6 =$ ___ | $12 \div 4 =$ ___ |
| $10 \div 5 =$ ___ | $18 \div 6 =$ ___ | $28 \div 4 =$ ___ | $15 \div 5 =$ ___ |
| $24 \div 6 =$ ___ | $48 \div 4 =$ ___ | $50 \div 5 =$ ___ | $72 \div 6 =$ ___ |
| $0 \div 4 =$ ___ | $20 \div 5 =$ ___ | $48 \div 6 =$ ___ | $8 \div 4 =$ ___ |

# Diviser par 4, 5 et 6 (suite)

Utilise une division par crochet pour trouver le quotient.

a) $4\overline{)24}$

b) $5\overline{)5}$

c) $6\overline{)18}$

d) $4\overline{)44}$

e) $6\overline{)60}$

f) $4\overline{)20}$

g) $5\overline{)10}$

h) $6\overline{)30}$

i) $5\overline{)35}$

j) $6\overline{)42}$

k) $4\overline{)4}$

l) $5\overline{)55}$

m) $4\overline{)28}$

n) $5\overline{)20}$

o) $6\overline{)66}$

p) $4\overline{)12}$

# Charade mathématique

## Je suis noir quand je suis propre et je suis blanc quand je suis sale. Qui suis-je?

$$\frac{\quad}{7} \ \frac{\quad}{1} \ / \ \frac{\quad}{8} \ \frac{\quad}{11} \ \frac{\quad}{5} \ \frac{\quad}{7} \ \frac{\quad}{1} \ \frac{\quad}{11} \ \frac{\quad}{10}$$

**Attention!**
Certaines lettres ne sont pas utilisées dans la charade!

Trouve le quotient.

| A | B | E | G |
|---|---|---|---|
| $4\overline{)44}$ | $5\overline{)25}$ | $6\overline{)6}$ | $6\overline{)72}$ |
| **H** | **L** | **M** | **N** |
| $4\overline{)20}$ | $5\overline{)35}$ | $5\overline{)0}$ | $4\overline{)12}$ |
| **O** | **P** | **R** | **S** |
| $4\overline{)24}$ | $4\overline{)48}$ | $5\overline{)30}$ | $5\overline{)10}$ |
| **T** | **U** | **W** | **X** |
| $6\overline{)48}$ | $5\overline{)50}$ | $5\overline{)45}$ | $6\overline{)36}$ |

# Diviser par 7

Associe les phrases mathématiques à leur quotient.
Indice : exerce-toi à compter par bonds de 7!

| | |
|---|---|
| 0 ÷ 7 = ___ | 8 |
| 7 ÷ 7 = ___ | 6 |
| 14 ÷ 7 = ___ | 9 |
| 21 ÷ 7 = ___ | 1 |
| 28 ÷ 7 = ___ | 3 |
| 35 ÷ 7 = ___ | 11 |
| 42 ÷ 7 = ___ | 4 |
| 49 ÷ 7 = ___ | 7 |
| 56 ÷ 7 = ___ | 12 |
| 63 ÷ 7 = ___ | 2 |
| 70 ÷ 7 = ___ | 0 |
| 77 ÷ 7 = ___ | 5 |
| 84 ÷ 7 = ___ | 10 |

# Charade mathématique

## Comment les abeilles communiquent-elles entre elles?

$$\frac{\quad}{8} \ \frac{\quad}{2} \ \frac{\quad}{3} \ / \ \frac{\quad}{7} \ - \ \frac{\quad}{6} \ \frac{\quad}{1} \ \frac{\quad}{7} \ \frac{\quad}{10}$$

**Attention!**
Certaines lettres ne sont pas utilisées dans la charade!

Trouve le quotient.

| | | |
|---|---|---|
| **A**<br><br>$14 \div 7 = \underline{\quad}$ | **C**<br><br>$84 \div 7 = \underline{\quad}$ | **R**<br><br>$21 \div 7 = \underline{\quad}$ |
| **E**<br><br>$49 \div 7 = \underline{\quad}$ | **H**<br><br>$63 \div 7 = \underline{\quad}$ | **M**<br><br>$42 \div 7 = \underline{\quad}$ |
| **O**<br><br>$35 \div 7 = \underline{\quad}$ | **P**<br><br>$56 \div 7 = \underline{\quad}$ | **S**<br><br>$77 \div 7 = \underline{\quad}$ |
| **L**<br><br>$70 \div 7 = \underline{\quad}$ | **U**<br><br>$28 \div 7 = \underline{\quad}$ | **I**<br><br>$7 \div 7 = \underline{\quad}$ |

Trouve le dividende manquant.

| | | | |
|---|---|---|---|
| $\underline{\quad} \div 7 = 5$ | $\underline{\quad} \div 7 = 8$ | $\underline{\quad} \div 7 = 12$ | $\underline{\quad} \div 7 = 4$ |
| $\underline{\quad} \div 7 = 10$ | $\underline{\quad} \div 7 = 2$ | $\underline{\quad} \div 7 = 6$ | $\underline{\quad} \div 7 = 3$ |

# Diviser par 8

Associe les phrases mathématiques à leur quotient.
Indice : exerce-toi à compter par bonds de 8!

| | |
|---|---|
| $0 \div 8 =$ ___ | 4 |
| $8 \div 8 =$ ___ | 9 |
| $16 \div 8 =$ ___ | 6 |
| $24 \div 8 =$ ___ | 8 |
| $32 \div 8 =$ ___ | 11 |
| $40 \div 8 =$ ___ | 3 |
| $48 \div 8 =$ ___ | 12 |
| $56 \div 8 =$ ___ | 7 |
| $64 \div 8 =$ ___ | 1 |
| $72 \div 8 =$ ___ | 10 |
| $80 \div 8 =$ ___ | 0 |
| $88 \div 8 =$ ___ | 5 |
| $96 \div 8 =$ ___ | 2 |

# Charade mathématique

## Quel animal n'a jamais soif?

___ ___ / ___ ___ ___ ___ !
<br>10  4    1   12  6   5

Trouve le quotient.

| A | B | C |
|---|---|---|
| $24 \div 8 = $ ___ | $48 \div 8 = $ ___ | $72 \div 8 = $ ___ |
| **E** | **H** | **U** |
| $32 \div 8 = $ ___ | $16 \div 8 = $ ___ | $40 \div 8 = $ ___ |
| **É** | **K** | **L** |
| $96 \div 8 = $ ___ | $56 \div 8 = $ ___ | $80 \div 8 = $ ___ |
| **P** | **Z** | **R** |
| $88 \div 8 = $ ___ | $8 \div 8 = $ ___ | $64 \div 8 = $ ___ |

Trouve le dividende maquant.

| | | | |
|---|---|---|---|
| ___ $\div 8 = 2$ | ___ $\div 8 = 11$ | ___ $\div 8 = 8$ | ___ $\div 8 = 4$ |
| ___ $\div 8 = 10$ | ___ $\div 8 = 3$ | ___ $\div 8 = 9$ | ___ $\div 8 = 12$ |

# Diviser par 9

Associe les phrases mathématiques à leur quotient.
Indice : exerce-toi à compter par bonds de 6!

| |
|---|
| 0 ÷ 9 = ___ |
| 9 ÷ 9 = ___ |
| 18 ÷ 9 = ___ |
| 27 ÷ 9 = ___ |
| 36 ÷ 9 = ___ |
| 45 ÷ 9 = ___ |
| 54 ÷ 9 = ___ |
| 63 ÷ 9 = ___ |
| 72 ÷ 9 = ___ |
| 81 ÷ 9 = ___ |
| 90 ÷ 9 = ___ |
| 99 ÷ 9 = ___ |
| 108 ÷ 9 = ___ |

| |
|---|
| 7 |
| 9 |
| 2 |
| 8 |
| 4 |
| 12 |
| 3 |
| 11 |
| 6 |
| 5 |
| 0 |
| 10 |
| 1 |

# Charade mathématique

## Je commence la nuit et je finis le matin.
## Je suis là 2 fois dans l'année. Qui suis-je?

$$\underline{\quad}\ \underline{\quad}\ /\ \underline{\quad}\ \underline{\quad}\ \underline{\quad}\ \underline{\quad}\ \underline{\quad}\ \underline{\quad}\ /\ \underline{\quad}\ !$$
$$\ \ 6\ \ \ \ \ 4\ \ \ \ \ \ \ 6\ \ \ \ \ 2\ \ \ \ \ 7\ \ \ \ \ 7\ \ \ \ 12\ \ \ \ 2\ \ \ \ \ \ \ 10$$

Trouve le quotient.

| A | B | C |
|---|---|---|
| $36 \div 9 = \underline{\quad}$ | $45 \div 9 = \underline{\quad}$ | $72 \div 9 = \underline{\quad}$ |
| **D** | **E** | **M** |
| $81 \div 9 = \underline{\quad}$ | $18 \div 9 = \underline{\quad}$ | $99 \div 9 = \underline{\quad}$ |
| **N** | **L** | **P** |
| $90 \div 9 = \underline{\quad}$ | $54 \div 9 = \underline{\quad}$ | $27 \div 9 = \underline{\quad}$ |
| **R** | **S** | **T** |
| $108 \div 9 = \underline{\quad}$ | $9 \div 9 = \underline{\quad}$ | $63 \div 9 = \underline{\quad}$ |

Trouve le dividende manquant.

| | | | |
|---|---|---|---|
| $\underline{\quad} \div 9 = 10$ | $\underline{\quad} \div 9 = 8$ | $\underline{\quad} \div 9 = 11$ | $\underline{\quad} \div 9 = 5$ |
| $\underline{\quad} \div 9 = 9$ | $\underline{\quad} \div 9 = 4$ | $\underline{\quad} \div 9 = 7$ | $\underline{\quad} \div 9 = 3$ |

# Diviser par 7, 8 et 9

Associe les phrases mathématiques à leur quotient. Colorie les phrases mathématiques ayant des quotients impairs en rouge et ceux pairs en bleu.

| | | |
|---|---|---|
| $0 \div 9 =$ | **11** | $63 \div 7 =$ |
| $64 \div 8 =$ | **5** | $28 \div 7 =$ |
| $77 \div 7 =$ | **4** | $0 \div 8 =$ |
| $108 \div 9 =$ | **9** | $27 \div 9 =$ |
| $40 \div 8 =$ | **12** | $72 \div 9 =$ |
| $70 \div 7 =$ | **2** | $42 \div 7 =$ |
| $63 \div 9 =$ | **1** | $7 \div 7 =$ |
| $8 \div 8 =$ | **3** | $45 \div 9 =$ |
| $21 \div 7 =$ | **6** | $16 \div 8 =$ |
| $54 \div 9 =$ | **8** | $49 \div 7 =$ |
| $32 \div 8 =$ | **10** | $96 \div 8 =$ |
| $14 \div 7 =$ | **0** | $88 \div 8 =$ |
| $81 \div 9 =$ | **7** | $90 \div 9 =$ |

# Diviser par 7, 8 et 9 (suite)

Trouve le quotient.

| | | | |
|---|---|---|---|
| 35 ÷ 7 = ___ | 8 ÷ 8 = ___ | 108 ÷ 9 = ___ | 70 ÷ 7 = ___ |
| 24 ÷ 8 = ___ | 45 ÷ 9 = ___ | 21 ÷ 7 = ___ | 0 ÷ 8 = ___ |
| 9 ÷ 9 = ___ | 56 ÷ 7 = ___ | 32 ÷ 8 = ___ | 81 ÷ 9 = ___ |
| 14 ÷ 7 = ___ | 64 ÷ 8 = ___ | 54 ÷ 9 = ___ | 0 ÷ 7 = ___ |
| 16 ÷ 8 = ___ | 90 ÷ 9 = ___ | 28 ÷ 7 = ___ | 48 ÷ 8 = ___ |
| 63 ÷ 9 = ___ | 42 ÷ 7 = ___ | 56 ÷ 8 = ___ | 72 ÷ 9 = ___ |
| 49 ÷ 7 = ___ | 80 ÷ 8 = ___ | 99 ÷ 9 = ___ | 84 ÷ 7 = ___ |

# Diviser par 7, 8 et 9 (suite)

Utilise une division par crochet pour trouver le quotient.

a) $7 \overline{)49}$

b) $8 \overline{)96}$

c) $8 \overline{)24}$

d) $9 \overline{)18}$

e) $8 \overline{)64}$

f) $9 \overline{)99}$

g) $7 \overline{)56}$

h) $8 \overline{)40}$

i) $7 \overline{)63}$

j) $8 \overline{)56}$

k) $9 \overline{)90}$

l) $7 \overline{)70}$

m) $9 \overline{)54}$

n) $7 \overline{)42}$

o) $8 \overline{)48}$

p) $9 \overline{)27}$

# Charade mathématique

## Que fait une vache quand elle ferme les yeux ?

$$\frac{}{8}\ \frac{}{5}\ /\ \frac{}{1}\ \frac{}{3}\ \frac{}{6}\ \frac{}{5}\ /$$

$$\frac{}{7}\ \frac{}{10}\ \frac{}{4}\ \frac{}{7}\ \frac{}{6}\ \frac{}{4}\ \frac{}{5}\ \frac{}{12}\ \frac{}{2}\ !$$

**Attention!** Certaines lettres ne sont pas utilisées dans la charade!

Trouve le quotient.

| A | B | T | D |
|---|---|---|---|
| $7\overline{)28}$ | $8\overline{)72}$ | $9\overline{)45}$ | $7\overline{)56}$ |
| **E** | **É** | **G** | **O** |
| $7\overline{)42}$ | $9\overline{)18}$ | $7\overline{)14}$ | $8\overline{)80}$ |
| **I** | **N** | **K** | **L** |
| $8\overline{)48}$ | $8\overline{)32}$ | $9\overline{)108}$ | $7\overline{)7}$ |
| **M** | **C** | **P** | **R** |
| $9\overline{)54}$ | $9\overline{)63}$ | $7\overline{)35}$ | $8\overline{)96}$ |
| **S** | **U** | **W** | **Y** |
| $7\overline{)84}$ | $8\overline{)40}$ | $8\overline{)88}$ | $7\overline{)21}$ |

# Diviser par 10

Associe les phrases mathématiques à leur quotient.
Indice : exerce-toi à compter par bonds de10!

| | |
|---|---|
| $0 \div 10 =$ ___ | 3 |
| $10 \div 10 =$ ___ | 4 |
| $20 \div 10 =$ ___ | 10 |
| $30 \div 10 =$ ___ | 6 |
| $40 \div 10 =$ ___ | 11 |
| $50 \div 10 =$ ___ | 9 |
| $60 \div 10 =$ ___ | 7 |
| $70 \div 10 =$ ___ | 1 |
| $80 \div 10 =$ ___ | 12 |
| $90 \div 10 =$ ___ | 0 |
| $100 \div 10 =$ ___ | 8 |
| $110 \div 10 =$ ___ | 2 |
| $120 \div 10 =$ ___ | 5 |

# Charade mathématique

## Qu'est-ce qui monte et descend mais ne bouge pas?

$$\underset{9}{\rule{1cm}{0.4pt}}\ \underset{8}{\rule{1cm}{0.4pt}}\ /\ \underset{5}{\rule{1cm}{0.4pt}}\ \underset{12}{\rule{1cm}{0.4pt}}\ \underset{4}{\rule{1cm}{0.4pt}}\ \underset{11}{\rule{1cm}{0.4pt}}\ \underset{10}{\rule{1cm}{0.4pt}}\ \underset{3}{\rule{1cm}{0.4pt}}\ \underset{8}{\rule{1cm}{0.4pt}}\ \underset{5}{\rule{1cm}{0.4pt}}\ \underset{6}{\rule{1cm}{0.4pt}}\ \underset{3}{\rule{1cm}{0.4pt}}\ \underset{12}{\rule{1cm}{0.4pt}}$$

**Attention!** Certaines lettres ne sont pas utilisées dans la charade!

Trouve le quotient.

| A | M | E |
|---|---|---|
| $80 \div 10 =$ ___ | $40 \div 10 =$ ___ | $120 \div 10 =$ ___ |
| **L** | **P** | **H** |
| $90 \div 10 =$ ___ | $110 \div 10 =$ ___ | $20 \div 10 =$ ___ |
| **U** | **É** | **R** |
| $60 \div 10 =$ ___ | $100 \div 10 =$ ___ | $30 \div 10 =$ ___ |
| **S** | **T** | **Y** |
| $70 \div 10 =$ ___ | $50 \div 10 =$ ___ | $10 \div 10 =$ ___ |

Trouve le dividende manquant.

| | | | |
|---|---|---|---|
| ___ $\div 10 = 3$ | ___ $\div 10 = 8$ | ___ $\div 10 = 12$ | ___ $\div 10 = 6$ |
| ___ $\div 10 = 11$ | ___ $\div 10 = 5$ | ___ $\div 10 = 7$ | ___ $\div 10 = 9$ |

# Diviser par 11

Associe les phrases mathématiques à leur quotient.
Indice : exerce-toi à compter par bonds de 11!

| | |
|---|---|
| $0 \div 11 = $ ___ | 11 |
| $11 \div 11 = $ ___ | 0 |
| $22 \div 11 = $ ___ | 6 |
| $33 \div 11 = $ ___ | 8 |
| $44 \div 11 = $ ___ | 9 |
| $55 \div 11 = $ ___ | 3 |
| $66 \div 11 = $ ___ | 4 |
| $77 \div 11 = $ ___ | 2 |
| $88 \div 11 = $ ___ | 12 |
| $99 \div 11 = $ ___ | 5 |
| $110 \div 11 = $ ___ | 10 |
| $121 \div 11 = $ ___ | 1 |
| $132 \div 11 = $ ___ | 7 |

# Charade mathématique

## Qu'est-ce qui monte et ne descend jamais?

$$\frac{\quad}{8} \ \frac{\quad}{1} \ \frac{\quad}{12} \ / \ \frac{\quad}{3} \ \frac{\quad}{7} \ \frac{\quad}{4} \ !$$

**Attention!** Certaines lettres ne sont pas utilisées dans la charade!

Trouve le quotient.

| A | B | C |
|---|---|---|
| 33 ÷ 11 = ___ | 121 ÷ 11 = ___ | 55 ÷ 11 = ___ |
| **E** | **G** | **I** |
| 44 ÷ 11 = ___ | 77 ÷ 11 = ___ | 110 ÷ 11 = ___ |
| **J** | **O** | **N** |
| 99 ÷ 11 = ___ | 11 ÷ 11 = ___ | 132 ÷ 11 = ___ |
| **P** | **S** | **T** |
| 22 ÷ 11 = ___ | 66 ÷ 11 = ___ | 88 ÷ 11 = ___ |

Trouve le dividende manquant.

| | | | |
|---|---|---|---|
| ___ ÷ 11 = 3 | ___ ÷ 11 = 4 | ___ ÷ 11 = 8 | ___ ÷ 11 = 12 |
| ___ ÷ 11 = 9 | ___ ÷ 11 = 10 | ___ ÷ 11 = 5 | ___ ÷ 11 = 2 |

# Diviser par 12

Associe les phrases mathématiques à leur quotient.
Indice : exerce-toi à compter par bonds de 12!

| | |
|---|---|
| $0 \div 12 = \rule{1cm}{0.4pt}$ | 10 |
| $12 \div 12 = \rule{1cm}{0.4pt}$ | 8 |
| $24 \div 12 = \rule{1cm}{0.4pt}$ | 6 |
| $36 \div 12 = \rule{1cm}{0.4pt}$ | 12 |
| $48 \div 12 = \rule{1cm}{0.4pt}$ | 5 |
| $60 \div 12 = \rule{1cm}{0.4pt}$ | 9 |
| $72 \div 12 = \rule{1cm}{0.4pt}$ | 11 |
| $84 \div 12 = \rule{1cm}{0.4pt}$ | 0 |
| $96 \div 12 = \rule{1cm}{0.4pt}$ | 2 |
| $108 \div 12 = \rule{1cm}{0.4pt}$ | 4 |
| $120 \div 12 = \rule{1cm}{0.4pt}$ | 1 |
| $132 \div 12 = \rule{1cm}{0.4pt}$ | 7 |
| $144 \div 12 = \rule{1cm}{0.4pt}$ | 3 |

# Charade mathématique

## Qu'est-ce qui traverse la prairie sans marcher dessus?

$$\underline{\quad} \ \underline{\quad} \Big/ \ \underline{\quad} \ \underline{\quad} \ \underline{\quad} \ \underline{\quad} \ \underline{\quad} \ \underline{\quad} \ !$$
$$\phantom{x}8 \quad 6 \qquad 10 \quad 5 \quad 6 \quad 12 \quad 1 \quad 2$$

**Attention!** Certaines lettres ne sont pas utilisées dans la charade!

Trouve le quotient.

| A | B | E |
|---|---|---|
| 36 ÷ 12 = ___ | 48 ÷ 12 = ___ | 72 ÷ 12 = ___ |
| **I** | **L** | **M** |
| 12 ÷ 12 = ___ | 96 ÷ 12 = ___ | 144 ÷ 12 = ___ |
| **N** | **O** | **P** |
| 24 ÷ 12 = ___ | 132 ÷ 12 = ___ | 84 ÷ 12 = ___ |
| **C** | **T** | **H** |
| 120 ÷ 12 = ___ | 108 ÷ 12 = ___ | 60 ÷ 12 = ___ |

Trouve le dividende manquant.

| | | | |
|---|---|---|---|
| ___ ÷ 12 = 11 | ___ ÷ 12 = 2 | ___ ÷ 12 = 9 | ___ ÷ 12 = 6 |
| ___ ÷ 12 = 5 | ___ ÷ 12 = 8 | ___ ÷ 12 = 7 | ___ ÷ 12 = 4 |

# Diviser par 10, 11 et 12

Associe les phrases mathématiques à leur quotient. Colorie les phrases mathématiques ayant des quotients impairs en rouge et ceux pairs en bleu.

| | | |
|---|---|---|
| $121 \div 11 =$ | 7 | $40 \div 10 =$ |
| $60 \div 12 =$ | 9 | $72 \div 12 =$ |
| $80 \div 10 =$ | 4 | $22 \div 11 =$ |
| $99 \div 11 =$ | 5 | $10 \div 10 =$ |
| $24 \div 12 =$ | 12 | $36 \div 12 =$ |
| $100 \div 10 =$ | 3 | $121 \div 11 =$ |
| $11 \div 11 =$ | 10 | $110 \div 11 =$ |
| $0 \div 12 =$ | 2 | $108 \div 12 =$ |
| $60 \div 10 =$ | 0 | $55 \div 11 =$ |
| $132 \div 11 =$ | 8 | $84 \div 12 =$ |
| $48 \div 12 =$ | 1 | $0 \div 10 =$ |
| $30 \div 10 =$ | 6 | $88 \div 11 =$ |
| $77 \div 11 =$ | 11 | $144 \div 12 =$ |

# Diviser par 10, 11 et 12 (suite)

Trouve le quotient.

$30 \div 10 =$ _____     $110 \div 11 =$ _____     $108 \div 12 =$ _____     $50 \div 10 =$ _____

$55 \div 11 =$ _____     $36 \div 12 =$ _____     $90 \div 10 =$ _____     $0 \div 11 =$ _____

$144 \div 12 =$ _____     $80 \div 10 =$ _____     $22 \div 11 =$ _____     $48 \div 12 =$ _____

$100 \div 10 =$ _____     $44 \div 11 =$ _____     $84 \div 12 =$ _____     $120 \div 10 =$ _____

$33 \div 11 =$ _____     $60 \div 12 =$ _____     $20 \div 10 =$ _____     $88 \div 11 =$ _____

$24 \div 12 =$ _____     $70 \div 10 =$ _____     $11 \div 11 =$ _____     $72 \div 12 =$ _____

$40 \div 10 =$ _____     $66 \div 11 =$ _____     $96 \div 12 =$ _____     $10 \div 10 =$ _____

# Diviser par 10, 11 et 12 (suite)

Utilise une division par crochet pour trouver le quotient.

a) $10\overline{)60}$

b) $11\overline{)33}$

c) $12\overline{)12}$

d) $10\overline{)40}$

e) $12\overline{)24}$

f) $10\overline{)70}$

g) $11\overline{)55}$

h) $12\overline{)60}$

i) $11\overline{)44}$

j) $12\overline{)144}$

k) $10\overline{)120}$

l) $11\overline{)22}$

m) $10\overline{)90}$

n) $11\overline{)77}$

o) $12\overline{)36}$

p) $10\overline{)10}$

# Charade mathématique

## Qu'est-ce qui est au bout du monde?

$$\frac{\phantom{X}}{9} \ \frac{\phantom{X}}{11} / \ \frac{\phantom{X}}{9} \ \frac{\phantom{X}}{7} \ \frac{\phantom{X}}{3} \ \frac{\phantom{X}}{3} \ \frac{\phantom{X}}{4} \ \frac{\phantom{X}}{7} / \ \frac{\phantom{X}}{7} \ !$$

**Attention!** Certaines lettres ne sont pas utilisées dans la charade!

Trouve le quotient.

| A | B | C | D |
|---|---|---|---|
| 11⟌121 | 12⟌12 | 12⟌48 | 11⟌22 |
| **E** | **F** | **G** | **H** |
| 11⟌77 | 11⟌11 | 10⟌40 | 12⟌120 |
| **I** | **K** | **L** | **M** |
| 12⟌72 | 11⟌66 | 12⟌108 | 10⟌10 |
| **N** | **O** | **P** | **R** |
| 12⟌96 | 10⟌60 | 10⟌50 | 11⟌44 |
| **S** | **T** | **V** | **Y** |
| 10⟌20 | 12⟌36 | 12⟌0 | 11⟌132 |

# Les divisions de 0 à 12

Associe les phrases mathématiques à leur quotient. Colorie les phrases mathématiques ayant des quotients impairs en rouge et ceux pairs en bleu.

| | | |
|---|---|---|
| $7 \div 1 =$ _____ | **12** | $12 \div 2 =$ _____ |
| $22 \div 2 =$ _____ | **5** | $20 \div 5 =$ _____ |
| $6 \div 2 =$ _____ | **8** | $48 \div 6 =$ _____ |
| $72 \div 12 =$ _____ | **10** | $24 \div 8 =$ _____ |
| $45 \div 5 =$ _____ | **3** | $0 \div 8 =$ _____ |
| $12 \div 6 =$ _____ | **7** | $84 \div 12 =$ _____ |
| $70 \div 7 =$ _____ | **4** | $3 \div 3 =$ _____ |
| $16 \div 4 =$ _____ | **2** | $25 \div 5 =$ _____ |
| $108 \div 9 =$ _____ | **0** | $132 \div 11 =$ _____ |
| $10 \div 10 =$ _____ | **11** | $81 \div 9 =$ _____ |
| $55 \div 11 =$ _____ | **9** | $24 \div 12 =$ _____ |
| $0 \div 12 =$ _____ | **1** | $121 \div 11 =$ _____ |
| $32 \div 4 =$ _____ | **6** | $100 \div 10 =$ _____ |

# Dividendes manquants

Complète les phrases mathématiques en trouvant les dividendes manquants.

| | | | |
|---|---|---|---|
| ___ ÷ 2 = 2 | ___ ÷ 10 = 8 | ___ ÷ 9 = 10 | ___ ÷ 4 = 1 |
| ___ ÷ 5 = 10 | ___ ÷ 6 = 6 | ___ ÷ 3 = 6 | ___ ÷ 12 = 5 |
| ___ ÷ 8 = 11 | ___ ÷ 12 = 12 | ___ ÷ 11 = 5 | ___ ÷ 5 = 0 |
| ___ ÷ 7 = 12 | ___ ÷ 9 = 2 | ___ ÷ 7 = 10 | ___ ÷ 5 = 9 |
| ___ ÷ 11 = 4 | ___ ÷ 2 = 7 | ___ ÷ 3 = 12 | ___ ÷ 4 = 7 |
| ___ ÷ 3 = 3 | ___ ÷ 6 = 9 | ___ ÷ 10 = 2 | ___ ÷ 1 = 3 |
| ___ ÷ 9 = 11 | ___ ÷ 4 = 10 | ___ ÷ 6 = 7 | ___ ÷ 12 = 4 |

# Dividendes manquants (suite)

Complète les phrases mathématiques en trouvant les dividendes manquants.

| | | | |
|---|---|---|---|
| ___ ÷ 9 = 2 | ___ ÷ 5 = 8 | ___ ÷ 6 = 10 | ___ ÷ 1 = 1 |
| ___ ÷ 7 = 10 | ___ ÷ 8 = 6 | ___ ÷ 4 = 6 | ___ ÷ 4 = 4 |
| ___ ÷ 3 = 11 | ___ ÷ 11 = 12 | ___ ÷ 9 = 5 | ___ ÷ 10 = 0 |
| ___ ÷ 9 = 12 | ___ ÷ 8 = 2 | ___ ÷ 12 = 10 | ___ ÷ 4 = 9 |
| ___ ÷ 10 = 4 | ___ ÷ 11 = 7 | ___ ÷ 11 = 8 | ___ ÷ 5 = 7 |
| ___ ÷ 6 = 3 | ___ ÷ 1 = 9 | ___ ÷ 1 = 2 | ___ ÷ 12 = 3 |
| ___ ÷ 4 = 11 | ___ ÷ 2 = 10 | ___ ÷ 8 = 7 | ___ ÷ 1 = 4 |

# Charade mathématique

## Je suis blanc, mais si je tombe sur le sol, je deviens jaune? Qui suis-je?

$$\frac{\quad}{8} \; \frac{\quad}{3} \; / \; \frac{\quad}{4} \; \frac{\quad}{0} \; \frac{\quad}{8} \; \frac{\quad}{1}.$$

**Attention!** Certaines lettres ne sont pas utilisées dans la charade!

Trouve le quotient.

| A | B | C | D |
|---|---|---|---|
| 144 ÷ 12 = ____ | 14 ÷ 7 = ____ | 56 ÷ 7 = ____ | 42 ÷ 6 = ____ |
| **E** | **F** | **J** | **K** |
| 0 ÷ 4 = ____ | 11 ÷ 11 = ____ | 20 ÷ 2 = ____ | 36 ÷ 6 = ____ |
| **M** | **N** | **O** | **P** |
| 25 ÷ 5 = ____ | 9 ÷ 3 = ____ | 16 ÷ 4 = ____ | 0 ÷ 3 = ____ |
| **R** | **S** | **T** | **U** |
| 63 ÷ 7 = ____ | 60 ÷ 6 = ____ | 12 ÷ 2 = ____ | 72 ÷ 9 = ____ |
| **V** | **W** | **X** | **Y** |
| 121 ÷ 11 = ____ | 100 ÷ 10 = ____ | 48 ÷ 6 = ____ | 44 ÷ 4 = ____ |

# Utiliser des moitiés pour diviser

Pour 32 ÷ 4, tu sais que 4 est 2 × 2.

Pour diviser par 4, divise d'abord par 2.  $\quad$ 32 ÷ 2 = 16
Puis, divise encore par 2. $\qquad\qquad\qquad$ 16 ÷ 2 = 8

$\qquad\qquad\qquad\qquad\qquad\qquad\qquad$ Donc, 32 ÷ 4 = **8** .

16 ÷ 2 $\qquad$ 32 ÷ 2

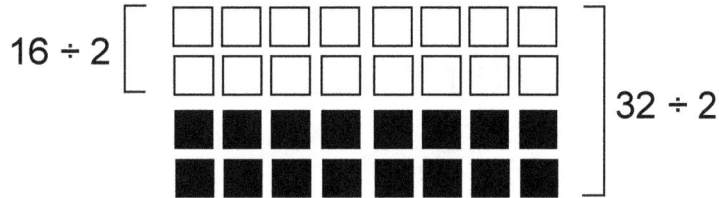

Utilise des moitiés pour diviser. Dessine un tableau pour t'aider.

---

a) 44 ÷ 4

Divise par 2. _____

Divise encore par 2. _____

Donc, 44 ÷ 4 = _____ .

---

b) 36 ÷ 4

Divise par 2. _____

Divise encore par 2. _____

Donc, 36 ÷ 4 = _____ .

---

c) 28 ÷ 4

Divise par 2. _____

Divise encore par 2. _____

Donc, 28 ÷ 4 = _____ .

---

d) 48 ÷ 4

Divise par 2. _____

Divise encore par 2. _____

Donc, 48 ÷ 4 = _____ .

---

e) 20 ÷ 4

Divise par 2. _____

Divise encore par 2. _____

Donc, 20 ÷ 4 = _____ .

---

f) 24 ÷ 4

Divise par 2. _____

Divise encore par 2. _____

Donc, 24 ÷ 4 = _____ .

# Utiliser des moitiés pour diviser (suite)

Utiliser des moitiés pour diviser. Répète l'opération plusieurs fois.

Indice : pour diviser par 8, divise par 2, puis par 2, puis encore par 2.

a) $24 \div 8$

Divise par 2. _____

Divise par 2. _____

Divise par 2. _____

Donc, $24 \div 8 =$ _____ .

b) $40 \div 8$

Divise par 2. _____

Divise par 2. _____

Divise par 2. _____

Donc, $40 \div 8 =$ _____ .

c) $64 \div 8$

Divise par 2. _____

Divise par 2. _____

Divise par 2. _____

Donc, $64 \div 8 =$ _____ .

d) $56 \div 8$

Divise par 2. _____

Divise par 2. _____

Divise par 2. _____

Donc, $56 \div 8 =$ _____ .

e) $48 \div 8$

Divise par 2. _____

Divise par 2. _____

Divise par 2. _____

Donc, $48 \div 8 =$ _____ .

f) $32 \div 8$

Divise par 2. _____

Divise par 2. _____

Divise par 2. _____

Donc, $32 \div 8 =$ _____ .

## GYMNASTIQUE MENTALE

Mathieu dit qu'il peut utiliser des moitiés à répétition pour diviser 96 par 8. A-t-il raison? Laisse les traces de ta démarche.

# Utiliser des blocs pour diviser

Paméla veut diviser 86 cartes avec ses 4 amis.

Elle utilise des blocs pour représenter la division. 86 = 8 dizaines et 6 unités.

Paméla partage en groupes les dizaines, puis les unités.

Il y a 2 dizaines et 1 unité dans chaque groupe. Il y a 2 unités restantes.

Elle ne sont pas dans un groupe.

Donc, 86 ÷ 4 = 21 reste 2 unités.

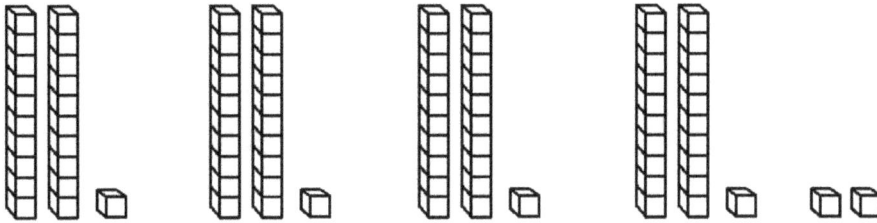

Elle utilise donc la division
à crochet pour vérifier.

4 groupes ⟶

$$
\begin{array}{r}
21 \\
4\overline{)86} \\
-8 \\
\hline
6 \\
-4 \\
\hline
2
\end{array}
$$

⟵ 2 dizaines dans chaque groupe
1 unité dans chaque groupe
86 cartes

⟵ reste 2 unités

---

Utiliser des blocs pour représenter la division. Puis, divise.

$$
\begin{array}{r}
24 \\
48 \\
2\overline{)4} \\
-8 \\
\hline
8 \\
-0
\end{array}
$$

**2** groupes

**2 dizaines et**

**4 unités dans**

**chaque groupe.**

a) $3\overline{)69}$

_____ groupes

_____

dans chaque groupe

b) $5\overline{)75}$

_____ groupes

_____

dans chaque groupe.

# Utiliser des blocs pour diviser (suite)

Divise. Écris les restes.

a) $5\overline{)67}$

_____ groupes

___dans chaque groupe

_____ restes

b) $4\overline{)89}$

_____ groupes

___dans chaque groupe

_____ restes

c) $3\overline{)92}$

_____ groupes

___dans chaque groupe

_____ restes

d) $2\overline{)45}$

_____ groupes

___dans chaque groupe

_____ restes

e) $4\overline{)78}$

_____ groupes

___dans chaque groupe

_____ restes

f) $6\overline{)39}$

_____ groupes

___dans chaque groupe

_____ restes

Jenny plante 88 arbres en 4 rangées. Combien y a-t-il d'arbres par rangée?
Laisse les traces de ta démarche.

# Diviser des multiples de 10, 100 et 1000

| | |
|---|---|
| Divise : | $4000 \div 8 =$ |
| Pense : | 40 unités $\div$ 8 = <u>5</u> unités = **5** |
| | 40 dizaines $\div$ 8 = <u>5</u> dizaines = **50** |
| | 40 centaines $\div$ 8 = <u>5</u> centaines = **500** |
| | Donc, **4000 $\div$ 8 = 500**. |

Utilise les tables de multiplications et divisions pour t'aider à diviser.

a) $9 \div 3 =$ _____

$90 \div 3 =$ _____

$900 \div 3 =$ _____

$9000 \div 3 =$ _____

b) $16 \div 4 =$ _____

$160 \div 4 =$ _____

$1600 \div 4 =$ _____

$16\ 000 \div 4 =$ _____

c) $6 \div 2 =$ _____

$60 \div 2 =$ _____

$600 \div 2 =$ _____

$6000 \div 2 =$ _____

d) $8 \div 8 =$ _____

$80 \div 8 =$ _____

$800 \div 8 =$ _____

$8000 \div 8 =$ _____

e) $10 \div 5 =$ _____

$100 \div 5 =$ _____

$1000 \div 5 =$ _____

$10\ 000 \div 5 =$ _____

f) $25 \div 5 =$ _____

$250 \div 5 =$ _____

$2500 \div 5 =$ _____

$25\ 000 \div 5 =$ _____

# Diviser des multiples de 10, 100 et 1000 (suite)

Utilise les tables de multiplications et divisions pour t'aider à diviser.

a) $4 \div 2 =$ _____

40 $\div$ 2 = _____

400 $\div$ 2 = _____

4000 $\div$ 2 = _____

b) $16 \div 4 =$ _____

160 $\div$ 4 = _____

1600 $\div$ 4 = _____

16 000 $\div$ 4 = _____

c) $6 \div 2 =$ _____

60 $\div$ 2 = _____

600 $\div$ 2 = _____

6000 $\div$ 2 = _____

d) $49 \div 7 =$ _____

490 $\div$ 7 = _____

4900 $\div$ 7 = _____

49 000 $\div$ 7 = _____

e) $18 \div 9 =$ _____

180 $\div$ 9 = _____

1800 $\div$ 9 = _____

18 000 $\div$ 9 = _____

f) $24 \div 6 =$ _____

240 $\div$ 6 = _____

2400 $\div$ 6 = _____

24 000 $\div$ 6 = _____

g) $36 \div 6 =$ _____

360 $\div$ 6 = _____

3600 $\div$ 6 = _____

36 000 $\div$ 6 = _____

h) $20 \div 4 =$ _____

200 $\div$ 4 = _____

2000 $\div$ 4 = _____

20 000 $\div$ 4 = _____

i) $50 \div 5 =$ _____

500 $\div$ 5 = _____

5000 $\div$ 5 = _____

50 000 $\div$ 5 = _____

# Diviser des multiples de 10, 100 et 1000 (suite)

Utilise les tables de multiplications et divisions pour t'aider à diviser.

a) $48 \div 12 =$ _____

$480 \div 12 =$ _____

$4800 \div 12 =$ _____

$48\ 000 \div 12 =$ _____

b) $54 \div 9 =$ _____

$540 \div 9 =$ _____

$5400 \div 9 =$ _____

$54\ 000 \div 9 =$ _____

c) $32 \div 8 =$ _____

$320 \div 8 =$ _____

$3200 \div 8 =$ _____

$32\ 000 \div 8 =$ _____

Divise.

$70 \div 7 =$ _____

$2400 \div 6 =$ _____

$3000 \div 3 =$ _____

$80 \div 2 =$ _____

$6300 \div 7 =$ _____

$7000 \div 7 =$ _____

$200 \div 2 =$ _____

$6400 \div 8 =$ _____

$20 \div 4 =$ _____

$200 \div 4 =$ _____

$4800 \div 4 =$ _____

$60 \div 3 =$ _____

$720 \div 9 =$ _____

$140 \div 7 =$ _____

$5600 \div 8 =$ _____

$8100 \div 9 =$ _____

$50 \div 10 =$ _____

$350 \div 7 =$ _____

$5000 \div 5 =$ _____

$120 \div 3 =$ _____

$6000 \div 3 =$ _____

## Qu'est-ce qui donne des réponses mais qui ne parle pas?

___ ___ / ___ ___ ___ ___ ___ ___ ___ ___ ___ ___ ___ ___ ___

100   10      700   10   100   700   60   100   10   1200   90   80   700   400

**Attention!** Certaines lettres ne sont pas utilisées dans la charade!

Trouve le quotient.

| A | C | D | E |
|---|---|---|---|
| $7\overline{)70}$ | $8\overline{)5600}$ | $8\overline{)6400}$ | $6\overline{)2400}$ |
| **F** | **L** | **H** | **I** |
| $4\overline{)2000}$ | $7\overline{)700}$ | $9\overline{)8100}$ | $9\overline{)720}$ |
| **M** | **N** | **O** | **W** |
| $3\overline{)240}$ | $3\overline{)3000}$ | $4\overline{)160}$ | $10\overline{)500}$ |
| **S** | **T** | **U** | **R** |
| $2\overline{)60}$ | $4\overline{)4800}$ | $7\overline{)420}$ | $7\overline{)630}$ |
| **Y** | **Z** | | |
| $3\overline{)60}$ | $5\overline{)500}$ | | |

# Charade mathématique

## La mère de Zoé a 3 filles : Chloé, Claire et?

$$\overline{\phantom{xx}}_{20} \ \overline{\phantom{xx}}_{6} \ \overline{\phantom{xx}}_{2} \ !$$

Trouve le quotient.

| A | B | C | D |
|---|---|---|---|
| $7\overline{)77}$ | $100\overline{)6000}$ | $3\overline{)45}$ | $2\overline{)64}$ |
| **E** | **É** | **G** | **H** |
| $9\overline{)63}$ | $9\overline{)18}$ | $40\overline{)600}$ | $2\overline{)8}$ |
| **I** | **J** | **K** | **L** |
| $12\overline{)120}$ | $10\overline{)140}$ | $100\overline{)5000}$ | $10\overline{)700}$ |
| **M** | **O** | **P** | **R** |
| $5\overline{)60}$ | $6\overline{)36}$ | $10\overline{)80}$ | $5\overline{)45}$ |
| **S** | **T** | **U** | **Z** |
| $10\overline{)4000}$ | $4\overline{)20}$ | $7\overline{)21}$ | $10\overline{)200}$ |

# Charade mathématique

## Au début, je suis grande, mais je deviens de plus en plus petite. Qui suis-je?

$$\overline{\phantom{xx}}_{10} \ \overline{\phantom{xx}}_{12} / \ \overline{\phantom{xx}}_{11} \ \overline{\phantom{xx}}_{3} \ \overline{\phantom{xx}}_{6} \ \overline{\phantom{xx}}_{9} \ \overline{\phantom{xx}}_{1} \ \overline{\phantom{xx}}_{2}$$

**Attention!** Certaines lettres ne sont pas utilisées dans la charade!

Trouve le quotient.

| A | B | C | D |
|---|---|---|---|
| $2\overline{)24}$ | $2\overline{)22}$ | $12\overline{)60}$ | $3\overline{)24}$ |
| **E** | **G** | **F** | **H** |
| $3\overline{)6}$ | $8\overline{)72}$ | $8\overline{)24}$ | $100\overline{)1500}$ |
| **I** | **L** | **M** | **U** |
| $4\overline{)4}$ | $10\overline{)100}$ | $2\overline{)16}$ | $1\overline{)6}$ |
| **R** | **O** | **T** | |
| $9\overline{)99}$ | $7\overline{)28}$ | $7\overline{)49}$ | |

# Division avec restes

Utilise la multiplication et la division pour trouver un quotient avec reste.

Pour trouver 22 ÷ 3, pense à un multiple de 3 qui est proche de 22.

Pense : 7 × 3 = **21**

Donc, tu sais qu'il y a 3 groupes de 7 dans 22.

Mais comment obtenir 22?

Compte à partir de 21 pour trouver le reste.

21 + **1** = 22, donc le reste est 1

Donc, 22 ÷ 3 = **7 reste 1, ou 7R1**

Résous. Utilise la multiplication et l'addition pour trouver le quotient avec reste.

a) 19 ÷ 2 = _____

Pense: 9 × _____ = _18_

_18_ + _____ = _19_

Donc, 19 ÷ 2 = _____ .

b) 13 ÷ 2 = _____

Pense : _____ × _____ = _____

_____ + _____ = _____

Donc, 13 ÷ 2 = _____ .

c) 67 ÷ 7 = _____

Pense : _____ × _____ = _____

_____ + _____ = _____

Donc, 67 ÷ 7 = _____ .

d) 55 ÷ 6 = _____

Pense : _____ × _____ = _____

_____ + _____ = _____

Donc, 55 ÷ 6 = _____ .

e) 44 ÷ 6 = _____

Pense : _____ × _____ = _____

_____ + _____ = _____

Donc, 44 ÷ 6 = _____ .

f) 73 ÷ 8 = _____

Pense : _____ × _____ = _____

_____ + _____ = _____

Donc, 73 ÷ 8 = _____ .

# Division avec restes (suite)

Résous. Utilise la multiplication et l'addition pour trouver le quotient avec reste.

a) 15 ÷ 2 = _____

Pense : ____ × ____ = ____

____ + ____ = ____

Donc, 15 ÷ 2 = _____.

b) 25 ÷ 2 = _____

Pense : ____ × ____ = ____

____ + ____ = ____

Donc, ____ ÷ ____ = _____.

c) 47 ÷ 7 = _____

Pense : ____ × ____ = ____

____ + ____ = ____

Donc, ____ ÷ ____ = _____.

d) 63 ÷ 6 = _____

Pense : ____ × ____ = ____

____ + ____ = ____

Donc, ____ ÷ ____ = _____.

e) 54 ÷ 7 = _____

Pense : ____ × ____ = ____

____ + ____ = ____

Donc, ____ ÷ ____ = _____.

f) 36 ÷ 8 = _____

Pense : ____ × ____ = ____

____ + ____ = ____

Donc, ____ ÷ ____ = _____.

g) 78 ÷ 8 = _____

Pense : ____ × ____ = ____

____ + ____ = ____

Donc, ____ ÷ ____ = _____.

h) 85 ÷ 9 = _____

Pense : ____ × ____ = ____

____ + ____ = ____

Donc, ____ ÷ ____ = _____.

# Division avec restes (suite)

Résous. Utilise la multiplication et l'addition pour trouver le quotient avec reste.

a) 37 ÷ 5 = _____

Pense : \_\_\_\_ × \_\_\_\_ = \_\_\_\_

\_\_\_\_ + \_\_\_\_ = \_\_\_\_

Donc, 37 ÷ 5 = _____ .

b) 29 ÷ 4 = _____

Pense : \_\_\_\_ × \_\_\_\_ = \_\_\_\_

\_\_\_\_ + \_\_\_\_ = \_\_\_\_

Donc, \_\_\_\_ ÷ \_\_\_\_ = _____ .

c) 89 ÷ 7 = _____

Pense : \_\_\_\_ × \_\_\_\_ = \_\_\_\_

\_\_\_\_ + \_\_\_\_ = \_\_\_\_

Donc, \_\_\_\_ ÷ \_\_\_\_ = _____ .

d) 57 ÷ 6 = _____

Pense : \_\_\_\_ × \_\_\_\_ = \_\_\_\_

\_\_\_\_ + \_\_\_\_ = \_\_\_\_

Donc, \_\_\_\_ ÷ \_\_\_\_ = _____ .

e) 25 ÷ 3 = _____

Pense : \_\_\_\_ × \_\_\_\_ = \_\_\_\_

\_\_\_\_ + \_\_\_\_ = \_\_\_\_

Donc, \_\_\_\_ ÷ \_\_\_\_ = _____ .

f) 44 ÷ 8 = _____

Pense : \_\_\_\_ × \_\_\_\_ = \_\_\_\_

\_\_\_\_ + \_\_\_\_ = \_\_\_\_

Donc, \_\_\_\_ ÷ \_\_\_\_ = _____ .

g) 63 ÷ 5 = _____

Pense : \_\_\_\_ × \_\_\_\_ = \_\_\_\_

\_\_\_\_ + \_\_\_\_ = \_\_\_\_

Donc, \_\_\_\_ ÷ \_\_\_\_ = _____ .

h) 57 ÷ 9 = _____

Pense : \_\_\_\_ × \_\_\_\_ = \_\_\_\_

\_\_\_\_ + \_\_\_\_ = \_\_\_\_

Donc, \_\_\_\_ ÷ \_\_\_\_ = _____ .

# Diviser un nombre à 2 chiffres par un nombre à 1 chiffre

2 dizaines dans chaque groupe

2 groupes →

$$2\overline{)51}$$
$$\begin{array}{r} 2 \\ -\,4 \\ \hline 11 \end{array}$$

**Étape 1 :** Divise pour trouver combien de dizaines vont dans chaque groupe.

**Étape 2 :** Multiplier: 4 dizaines sont placées. Soustrais : il reste 1 dizaine. Donc, il reste 1 dizaine et 1 unité. Écris 1 à côté de 1 dizaine.

$$\begin{array}{r} 25 \\ 2\overline{)51} \\ -\,4 \\ \hline 11 \\ -\,10 \\ \hline 1 \end{array}$$

← 5 unités dans chaque groupe

**Étape 3 :** Divise pour trouver combien d'unités vont dans chaque groupe.

**Étape 4 :** Multiplie: 10 unités sont placées. Soustrais pour trouver qu'il reste 1 unité. Donc, la réponse est 25 R 1.

**R** signifie reste.

Trouve le quotient. Indice : la réponse d'une division s'appelle le quotient.

a) $8\overline{)65}$

b) $7\overline{)10}$

c) $5\overline{)47}$

d) $3\overline{)66}$

e) $7\overline{)67}$

f) $2\overline{)77}$

g) $4\overline{)18}$

h) $5\overline{)27}$

# Diviser un nombre à 2 chiffres par un nombre à 1 chiffre (suite)

Divise. Indice : pendant que tu travailles, aligne les dizaines et les unités.
Colorie la colonne des dizaines en orange et celle des unités en jaune.

a) $7\overline{)77}$

b) $7\overline{)98}$

c) $2\overline{)61}$

d) $3\overline{)13}$

e) $3\overline{)26}$

f) $2\overline{)50}$

g) $3\overline{)75}$

h) $2\overline{)39}$

i) $4\overline{)84}$

j) $3\overline{)19}$

k) $5\overline{)90}$

l) $7\overline{)53}$

Divise. Indice : pendant que tu travailles, aligne les dizaines et les unités.
Colorie la colonne des dizaines en orange et celle des unités en jaune.

a) $7\overline{)44}$

b) $2\overline{)86}$

c) $5\overline{)39}$

d) $2\overline{)41}$

e) $3\overline{)54}$

f) $6\overline{)91}$

g) $4\overline{)65}$

h) $2\overline{)57}$

i) $2\overline{)49}$

j) $6\overline{)25}$

k) $7\overline{)90}$

l) $3\overline{)87}$

# Diviser un nombre à 2 chiffres par un nombre à 1 chiffre (suite)

Divise. Indice : pendant que tu travailles, aligne les dizaines et les unités.
Colorie la colonne des dizaines en orange et celle des unités en jaune.

a) $8\overline{)79}$

b) $3\overline{)48}$

c) $2\overline{)85}$

d) $2\overline{)64}$

e) $3\overline{)68}$

f) $7\overline{)39}$

g) $6\overline{)46}$

h) $8\overline{)96}$

i) $5\overline{)69}$

j) $9\overline{)77}$

k) $5\overline{)65}$

l) $4\overline{)57}$

# Diviser des nombres à plusieurs chiffres

Divise.

```
    7 8
4 ) 3 1 2
  - 2 8
      3 2
    - 3 2
        0
```

Indice : Il y a moins de centaines que de groupes. Donc, la division commence avec les dizaines.

a)  2)991

b)  2)345

c)  9)603

d)  7)238

e)  6)366

f)  8)890

g)  5)659

h)  4)537

i)  3)254

j)  3)187

# Diviser des nombres à plusieurs chiffres (suite)

Divise. Indice : pendant que tu travailles, aligne les dizaines et les unités. Colorie la colonne des dizaines en orange, celle des unités en jaune et celle des centaines en vert.

a)  $4\overline{)527}$

b)  $5\overline{)293}$

c)  $6\overline{)749}$

d)  $8\overline{)274}$

e)  $3\overline{)943}$

f)  $9\overline{)471}$

g)  $6\overline{)762}$

h)  $5\overline{)142}$

i)  $3\overline{)656}$

j)  $2\overline{)431}$

k)  $2\overline{)825}$

l)  $4\overline{)488}$

# Diviser des nombres à plusieurs chiffres (suite)

Divise. Indice : pendant que tu travailles, aligne les dizaines et les unités. Colorie la colonne des dizaines en orange, celle des unités en jaune et celle des centaines en vert.

a)  $5\overline{)760}$

b)  $7\overline{)259}$

c)  $4\overline{)749}$

d)  $8\overline{)368}$

e)  $3\overline{)652}$

f)  $9\overline{)369}$

g)  $6\overline{)444}$

h)  $5\overline{)755}$

i)  $7\overline{)637}$

j)  $2\overline{)857}$

k)  $2\overline{)111}$

l)  $3\overline{)488}$

# Estimer un quotient

Utilise des nombres compatibles pour estimer un quotient.
Les nombres compatibles sont des nombres qui se divisent également.

Estime : 243 ÷ 6.        Divise les 2 premiers chiffres de 243 par 6.
                         Combien de 6 peuvent aller dans 24?

Pense :  24 ÷ 6 = 4
         240 ÷ 6 = 40     Puisque c'est un estimé, écris 0 à la place des unités.
                         Le quotient estimé est 40.

Utilise des nombres compatibles pour estimer un quotient.
Laisse des traces de ta démarche.

a)  5)355

_____ ÷ _____ = _____

_____ ÷ _____ = _____

b)  3)246

_____ ÷ _____ = _____

_____ ÷ _____ = _____

c)  4)284

_____ ÷ _____ = _____

_____ ÷ _____ = _____

d)  2)128

_____ ÷ _____ = _____

_____ ÷ _____ = _____

e)  6)468

_____ ÷ _____ = _____

_____ ÷ _____ = _____

f)  7)581

_____ ÷ _____ = _____

_____ ÷ _____ = _____

# Estimer un quotient

Estime : 312 ÷ 4

Pense : Quels multiples de 4 sont près de 31?

28 est trop petit.       32 est près de 31.       36 est trop élevé.

$32 \div 4 = 8$         Donc, essaie 8.

$320 \div 4 = 80$        Écris 0 à la place des unités.

**Le quotient estimé est 80.**

Utilise des nombres compatibles pour estimer un quotient.

Laisse les traces de ta démarche.

a)  $3\overline{)143}$

_____ ÷ _____ = _____

_____ ÷ _____ = _____

b)  $4\overline{)254}$

_____ ÷ _____ = _____

_____ ÷ _____ = _____

c)  $5\overline{)224}$

_____ ÷ _____ = _____

_____ ÷ _____ = _____

d)  $6\overline{)431}$

_____ ÷ _____ = _____

_____ ÷ _____ = _____

e)  $8\overline{)634}$

_____ ÷ _____ = _____

_____ ÷ _____ = _____

f)  $5\overline{)365}$

_____ ÷ _____ = _____

_____ ÷ _____ = _____

# Amusons-nous avec les divisions! —Test 1

1. $12 \div 12 =$ _____

2. $22 \div 11 =$ _____

3. $90 \div 10 =$ _____

4. $121 \div 11 =$ _____

5. $40 \div 8 =$ _____

6. $7 \div 7 =$ _____

7. $0 \div 6 =$ _____

8. $35 \div 5 =$ _____

9. $44 \div 4 =$ _____

10. $12 \div 3 =$ _____

11. $8 \div 2 =$ _____

12. $3 \div 1 =$ _____

13. $132 \div 12 =$ _____

14. $55 \div 11 =$ _____

15. $120 \div 10 =$ _____

16. $99 \div 9 =$ _____

17. $72 \div 8 =$ _____

18. $6 \div 6 =$ _____

19. $20 \div 5 =$ _____

20. $48 \div 4 =$ _____

21. $0 \div 5 =$ _____

22. $66 \div 6 =$ _____

23. $35 \div 7 =$ _____

24. $48 \div 8 =$ _____

25. $88 \div 8 =$ _____

26. $0 \div 10 =$ _____

27. $77 \div 11 =$ _____

28. $60 \div 12 =$ _____

29. $4 \div 1 =$ _____

30. $108 \div 9 =$ _____

31. $24 \div 2 =$ _____

32. $42 \div 7 =$ _____

33. $15 \div 3 =$ _____

34. $12 \div 6 =$ _____

35. $30 \div 5 =$ _____

36. $8 \div 4 =$ _____

37. $20 \div 10 =$ _____

38. $96 \div 12 =$ _____

39. $33 \div 3 =$ _____

40. $16 \div 2 =$ _____

Nombre de bonnes réponses

_____
40

1. $6 \div 2 =$ _____

2. $0 \div 3 =$ _____

3. $28 \div 4 =$ _____

4. $50 \div 5 =$ _____

5. $72 \div 6 =$ _____

6. $0 \div 7 =$ _____

7. $16 \div 8 =$ _____

8. $54 \div 9 =$ _____

9. $80 \div 10 =$ _____

10. $88 \div 11 =$ _____

11. $120 \div 12 =$ _____

12. $9 \div 1 =$ _____

13. $3 \div 3 =$ _____

14. $55 \div 5 =$ _____

15. $63 \div 7 =$ _____

16. $27 \div 9 =$ _____

17. $66 \div 11 =$ _____

18. $12 \div 2 =$ _____

19. $24 \div 4 =$ _____

20. $48 \div 6 =$ _____

21. $60 \div 10 =$ _____

22. $42 \div 6 =$ _____

23. $70 \div 7 =$ _____

24. $45 \div 9 =$ _____

25. $14 \div 2 =$ _____

26. $5 \div 1 =$ _____

27. $108 \div 12 =$ _____

28. $33 \div 11 =$ _____

29. $18 \div 9 =$ _____

30. $32 \div 8 =$ _____

31. $77 \div 7 =$ _____

32. $30 \div 6 =$ _____

33. $5 \div 5 =$ _____

34. $36 \div 4 =$ _____

35. $6 \div 3 =$ _____

36. $10 \div 2 =$ _____

37. $0 \div 1 =$ _____

38. $72 \div 12 =$ _____

39. $40 \div 10 =$ _____

40. $0 \div 8 =$ _____

Nombre de bonnes réponses

_____ / 40

# Amusons-nous avec les divisions!—Test 3

1. $12 \div 1 =$ _____

2. $22 \div 2 =$ _____

3. $9 \div 3 =$ _____

4. $16 \div 4 =$ _____

5. $40 \div 5 =$ _____

6. $54 \div 6 =$ _____

7. $14 \div 7 =$ _____

8. $64 \div 8 =$ _____

9. $72 \div 9 =$ _____

10. $10 \div 10 =$ _____

11. $110 \div 11 =$ _____

12. $36 \div 12 =$ _____

13. $25 \div 5 =$ _____

14. $60 \div 6 =$ _____

15. $28 \div 7 =$ _____

16. $88 \div 8 =$ _____

17. $9 \div 9 =$ _____

18. $30 \div 10 =$ _____

19. $0 \div 11 =$ _____

20. $144 \div 12 =$ _____

21. $2 \div 2 =$ _____

22. $36 \div 4 =$ _____

23. $18 \div 6 =$ _____

24. $24 \div 8 =$ _____

25. $100 \div 10 =$ _____

26. $84 \div 12 =$ _____

27. $27 \div 3 =$ _____

28. $15 \div 5 =$ _____

29. $49 \div 7 =$ _____

30. $81 \div 9 =$ _____

31. $1 \div 1 =$ _____

32. $44 \div 11 =$ _____

33. $0 \div 4 =$ _____

34. $36 \div 3 =$ _____

35. $20 \div 2 =$ _____

36. $6 \div 1 =$ _____

37. $36 \div 6 =$ _____

38. $55 \div 5 =$ _____

39. $4 \div 4 =$ _____

40. $18 \div 3 =$ _____

Nombre
de bonnes
réponses

_____
40

# Amusons-nous avec les divisions!—Test 4

1. $7 \div 1 = $ _____

2. $20 \div 2 = $ _____

3. $6 \div 3 = $ _____

4. $20 \div 4 = $ _____

5. $35 \div 5 = $ _____

6. $48 \div 6 = $ _____

7. $77 \div 7 = $ _____

8. $80 \div 8 = $ _____

9. $108 \div 9 = $ _____

10. $100 \div 10 = $ _____

11. $22 \div 11 = $ _____

12. $144 \div 12 = $ _____

13. $55 \div 5 = $ _____

14. $18 \div 6 = $ _____

15. $42 \div 7 = $ _____

16. $64 \div 8 = $ _____

17. $81 \div 9 = $ _____

18. $30 \div 10 = $ _____

19. $0 \div 11 = $ _____

20. $36 \div 12 = $ _____

21. $20 \div 5 = $ _____

22. $16 \div 4 = $ _____

23. $42 \div 6 = $ _____

24. $32 \div 8 = $ _____

25. $10 \div 10 = $ _____

26. $108 \div 12 = $ _____

27. $21 \div 3 = $ _____

28. $10 \div 5 = $ _____

29. $49 \div 7 = $ _____

30. $9 \div 9 = $ _____

31. $0 \div 1 = $ _____

32. $99 \div 11 = $ _____

33. $32 \div 4 = $ _____

34. $36 \div 3 = $ _____

35. $22 \div 2 = $ _____

36. $2 \div 1 = $ _____

37. $36 \div 6 = $ _____

38. $25 \div 5 = $ _____

39. $40 \div 4 = $ _____

40. $15 \div 3 = $ _____

Nombre de bonnes réponses

_____
40

# Amusons-nous avec les divisions!—Test 5

1. $12 \div 12 =$ _____

2. $22 \div 11 =$ _____

3. $90 \div 10 =$ _____

4. $121 \div 11 =$ _____

5. $40 \div 8 =$ _____

6. $7 \div 7 =$ _____

7. $0 \div 6 =$ _____

8. $35 \div 5 =$ _____

9. $44 \div 4 =$ _____

10. $12 \div 3 =$ _____

11. $8 \div 2 =$ _____

12. $3 \div 1 =$ _____

13. $132 \div 12 =$ _____

14. $55 \div 11 =$ _____

15. $120 \div 10 =$ _____

16. $99 \div 9 =$ _____

17. $72 \div 8 =$ _____

18. $6 \div 6 =$ _____

19. $20 \div 5 =$ _____

20. $48 \div 4 =$ _____

21. $0 \div 5 =$ _____

22. $66 \div 6 =$ _____

23. $45 \div 9 =$ _____

24. $48 \div 8 =$ _____

25. $88 \div 8 =$ _____

26. $0 \div 10 =$ _____

27. $77 \div 11 =$ _____

28. $60 \div 12 =$ _____

29. $4 \div 1 =$ _____

30. $108 \div 9 =$ _____

31. $24 \div 2 =$ _____

32. $42 \div 7 =$ _____

33. $15 \div 3 =$ _____

34. $12 \div 6 =$ _____

35. $30 \div 5 =$ _____

36. $8 \div 4 =$ _____

37. $20 \div 10 =$ _____

38. $96 \div 12 =$ _____

39. $33 \div 3 =$ _____

40. $16 \div 2 =$ _____

Nombre de bonnes réponses

_____
40

# Amusons-nous avec les divisions!—Test 6

1. $80 \div 4 =$ _____

2. $180 \div 2 =$ _____

3. $3000 \div 6 =$ _____

4. $40 \div 4 =$ _____

5. $6000 \div 5 =$ _____

6. $240 \div 6 =$ _____

7. $5600 \div 7 =$ _____

8. $960 \div 8 =$ _____

9. $70\,000 \div 10 =$ _____

10. $1100 \div 10 =$ _____

11. $11\,000 \div 11 =$ _____

12. $7200 \div 12 =$ _____

13. $450 \div 5 =$ _____

14. $6600 \div 6 =$ _____

15. $840 \div 7 =$ _____

16. $80 \div 8 =$ _____

17. $63\,000 \div 9 =$ _____

18. $5000 \div 10 =$ _____

19. $990 \div 11 =$ _____

20. $480 \div 12 =$ _____

21. $100 \div 5 =$ _____

22. $1200 \div 4 =$ _____

23. $48\,000 \div 6 =$ _____

24. $5600 \div 8 =$ _____

25. $90 \div 10 =$ _____

26. $1200 \div 12 =$ _____

27. $90 \div 3 =$ _____

28. $2500 \div 5 =$ _____

29. $350 \div 7 =$ _____

30. $99\,000 \div 9 =$ _____

31. $48\,000 \div 4 =$ _____

32. $880 \div 11 =$ _____

33. $2400 \div 4 =$ _____

34. $600 \div 3 =$ _____

35. $1400 \div 2 =$ _____

36. $250 \div 5 =$ _____

37. $36\,000 \div 6 =$ _____

38. $60 \div 5 =$ _____

39. $30 \div 5 =$ _____

40. $150 \div 3 =$ _____

Nombre
de bonnes
réponses

_____
40

# Table de divisions de 0 à 12

Les nombres dans la colonne noire de gauche sont les quotients.

Les nombres dans la rangée noire sur le dessus sont les diviseurs.

Les nombres à l'intérieur de la table sont les dividendes.

Essaie-le! Pour trouver le quotient de 72 ÷ 6, par exemple, trouve 6 dans la rangée des diviseurs et place le doigt de ta main droite sur le 6.

Puis, glisse ton doigt le long de la colonne du 6 jusqu'à ce que tu trouves 72.

Garde ton doigt de ta main droite sur le 72, et place le doigt de ta main gauche à côté, sur la même rangée. Glisse le doigt de la main gauche le long de la rangée jusqu'à la colonne des quotients.

Le nombre dans le carré noir au bout de la rangée est le quotient.

Donc, 72 ÷ 6 = 12.

## Diviseurs

| Quotients | 0 | 1 | 2 | 3 | 4 | 5 | 6 | 7 | 8 | 9 | 10 | 11 | 12 |
|---|---|---|---|---|---|---|---|---|---|---|---|---|---|
| 0 | 0 | 0 | 0 | 0 | 0 | 0 | 0 | 0 | 0 | 0 | 0 | 0 | 0 |
| 1 | 0 | 1 | 2 | 3 | 4 | 5 | 6 | 7 | 8 | 9 | 10 | 11 | 12 |
| 2 | 0 | 2 | 4 | 6 | 8 | 10 | 12 | 14 | 16 | 18 | 20 | 22 | 24 |
| 3 | 0 | 3 | 6 | 9 | 12 | 15 | 18 | 21 | 24 | 27 | 30 | 33 | 36 |
| 4 | 0 | 4 | 8 | 12 | 16 | 20 | 24 | 28 | 32 | 36 | 40 | 44 | 48 |
| 5 | 0 | 5 | 10 | 15 | 20 | 25 | 30 | 35 | 40 | 45 | 50 | 55 | 60 |
| 6 | 0 | 6 | 12 | 18 | 24 | 30 | 36 | 42 | 48 | 54 | 60 | 66 | 72 |
| 7 | 0 | 7 | 14 | 21 | 28 | 35 | 42 | 49 | 56 | 63 | 70 | 77 | 84 |
| 8 | 0 | 8 | 16 | 24 | 32 | 40 | 48 | 56 | 64 | 72 | 80 | 88 | 96 |
| 9 | 0 | 9 | 18 | 27 | 36 | 45 | 54 | 63 | 72 | 81 | 90 | 99 | 108 |
| 10 | 0 | 10 | 20 | 30 | 40 | 50 | 60 | 70 | 80 | 90 | 100 | 110 | 120 |
| 11 | 0 | 11 | 22 | 33 | 44 | 55 | 66 | 77 | 88 | 99 | 110 | 121 | 132 |
| 12 | 0 | 12 | 24 | 36 | 48 | 60 | 72 | 84 | 96 | 108 | 120 | 132 | 144 |

# Excellent travail!

Prénom

# Réponses

## Page 2 — Introduction la division

12 créatures sont divisées en groupes de 4.

Il y a 3 groupes égaux de 4 créatures.

$$12 \div 4 = 3$$

Savais-tu que tu pouvais écrire une division de 2 manières différentes?

$12 \div 2 = 6$ — dividende, diviseur, quotient

$6$ ← quotient
$2\overline{)12}$ ← dividende
diviseur

Écris la phrase mathématique représentée par le dessin

$12 \div 3 = 4$   $3\overline{)12}^{\,4}$

$10 \div 5 = 2$   $5\overline{)10}^{\,2}$

$12 \div 2 = 6$   $2\overline{)12}^{\,6}$

## Page 3 — Introduction la division (suite)

Écris la phrase mathématique représentée par le dessin

$15 \div 5 = 3$   $5\overline{)15}^{\,3}$

$9 \div 3 = 3$   $3\overline{)9}^{\,3}$

$14 \div 2 = 7$   $2\overline{)14}^{\,7}$

$16 \div 4 = 4$   $4\overline{)16}^{\,4}$

$12 \div 2 = 6$   $2\overline{)12}^{\,6}$

## Page 4 — Introduction la division (suite)

Écris la phrase mathématique représentée par le dessin

$20 \div 4 = 5$   $4\overline{)20}^{\,5}$

$16 \div 8 = 2$   $8\overline{)16}^{\,2}$

$14 \div 7 = 2$   $7\overline{)14}^{\,2}$

$10 \div 2 = 5$   $2\overline{)10}^{\,5}$

$12 \div 3 = 4$   $3\overline{)12}^{\,4}$

## Page 5 — Introduction la division (suite)

Divise les créatures en différents groupes égaux. Encercle chaque groupe.

Divise 10 créatures en groupes de 5.
**2** groupes   $10 \div 5 = 2$

Divise 18 créatures en groupes de 6.
**3** groupes   $18 \div 6 = 3$

Divise 8 créatures en groupes de 2.
**4** groupes   $8 \div 2 = 4$

Divise 12 créatures en groupes de 4.
**3** groupes   $12 \div 4 = 3$

## Page 6 — Introduction la division (suite)

Divise les créatures en différents groupes égaux. Encercle chaque groupe. Écris la phrase mathématique.

Divise 15 créatures en groupes de 5.
**3** groupes   $15 \div 5 = 3$

Divise 9 créatures en groupes de 3.
**3** groupes   $9 \div 3 = 3$

Divise 14 créatures en groupes de 7.
**2** groupes   $14 \div 7 = 2$

Divise 16 créatures en groupes de 4.
**4** groupes   $16 \div 4 = 4$

## Page 7 — Diviser en comptant par bonds

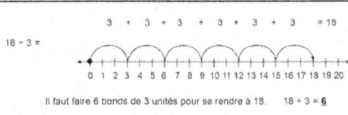

$18 \div 3 =$   $3 + 3 + 3 + 3 + 3 + 3 = 18$

Il faut faire 6 bonds de 3 unités pour se rendre à 18.   $18 \div 3 = 6$

Fais des bonds sur la ligne numérique pour diviser. Écris ensuite la réponse que tu obtiens.

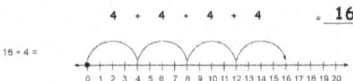

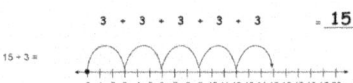

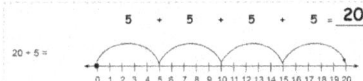

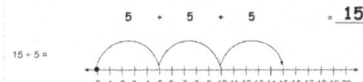

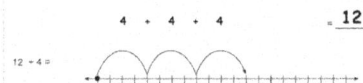

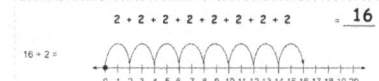

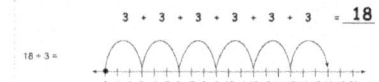

$16 \div 4 =$   $4 + 4 + 4 + 4 = 16$
Il faut faire **16** bonds de 4 unités pour se rendre à 16.   $16 \div 4 = 4$

$15 \div 3 =$   $3 + 3 + 3 + 3 + 3 = 15$
Il faut faire **5** bonds de **3** unités pour se rendre à 15.   $15 \div 3 = 5$

## Page 8 — Diviser en comptant par bonds (suite)

Fais des bonds sur la ligne numérique pour diviser. Écris ensuite la réponse que tu obtiens.

$20 \div 5 =$   $5 + 5 + 5 + 5 = 20$
Il faut faire **4** bonds de **5** unités pour se rendre à **20**   $20 \div 5 = 4$

$15 \div 5 =$   $5 + 5 + 5 = 15$
Il faut faire **3** bonds de **5** unités pour se rendre à **15**   $15 \div 5 = 3$

$12 \div 4 =$   $4 + 4 + 4 = 12$
Il faut faire **3** bonds de **4** unités pour se rendre à **12**   $12 \div 4 = 3$

## Page 9 — Diviser en comptant par bonds (suite)

Fais des bonds sur la ligne numérique pour diviser. Écris ensuite la réponse que tu obtiens.

$16 \div 2 =$   $2 + 2 + 2 + 2 + 2 + 2 + 2 + 2 = 16$
Il faut faire **8** bonds de **2** unités pour se rendre à **16**   $16 \div 2 = 8$

$18 \div 3 =$   $3 + 3 + 3 + 3 + 3 + 3 = 18$
Il faut faire **6** bonds de **3** unités pour se rendre à **18**   $18 \div 3 = 6$

$20 \div 4 =$   $4 + 4 + 4 + 4 + 4 = 20$
Il faut faire **5** bonds de **4** unités pour se rendre à **20**   $20 \div 4 = 5$

## Page 10 — Le lien entre la multiplication et la division

Utilise un tableau pour compléter chaque phrase mathématique.

a)
$2 \times 5 = 10$
$3 \times 5 = 15$  $15 \div 3 = 5$

b)
$9 \times 2 = 18$  $18 \div 9 = 2$

c)
$4 \times 4 = 16$  $16 \div 4 = 4$

d)
$7 \times 3 = 21$  $21 \div 7 = 3$

e)
$4 \times 10 = 40$  $40 \div 4 = 10$

## Page 11 — Le lien entre la multiplication et la division (suite)

Utilise un tableau pour compléter chaque phrase mathématique.

a)
$2 \times 6 = 12$
$12 \div 2 = 6$

b)
$3 \times 8 = 24$
$24 \div 3 = 8$

c)
$5 \times 6 = 30$
$30 \div 5 = 6$

d)
$5 \times 4 = 20$
$20 \div 5 = 4$

e)
$3 \times 9 = 27$
$27 \div 3 = 9$

f)
$3 \times 12 = 36$
$36 \div 3 = 12$

## Page 12 — Le lien entre la multiplication et la division (suite)

Utilise un tableau pour compléter chaque phrase mathématique.

a)
$2 \times 10 = 20$
$20 \div 2 = 10$

b)
$3 \times 11 = 33$
$33 \div 3 = 11$

c)
$7 \times 7 = 49$
$49 \div 7 = 7$

d)
$8 \times 5 = 40$
$40 \div 8 = 5$

e)
$5 \times 9 = 45$
$45 \div 5 = 9$

f)
$5 \times 12 = 60$
$60 \div 5 = 12$

## Page 13 — Utilise un tableau pour trouver le quotient

Utilise un tableau pour t'aider à trouver le quotient.

a)
$15 \div 5 = 3$

b)
$14 \div 7 = 2$

c)
$20 \div 4 = 5$

d)
$12 \div 4 = 3$

e)
$8 \div 2 = 4$

f)
$9 \div 3 = 3$

g)
$16 \div 8 = 2$

## Page 14 — Utilise un tableau pour trouver le quotient (suite)

Utilise un tableau pour compléter chaque phrase mathématique.

a)
$25 \div 5 = 5$

b)
$36 \div 6 = 6$

c)
$60 \div 5 = 12$

d)
$10 \div 2 = 5$

e)
$24 \div 12 = 2$

f)
$21 \div 3 = 7$

g)
$40 \div 5 = 8$

h)
$50 \div 5 = 10$

## Page 15 — Utilise un tableau pour trouver le quotient (suite)

Dessine un tableau pour compléter chaque phrase mathématique.

a)
$30 \div 5 = 6$

b)
$24 \div 8 = 4$

c)
$48 \div 12 = 4$

d)
$32 \div 4 = 8$

e)
$16 \div 2 = 8$

f)
$27 \div 3 = 9$

g)
$64 \div 8 = 8$

h)
$70 \div 10 = 7$

## Page 16 — Le lien entre la multiplication et la division

Utilise les tables de multiplication pour t'aider à trouver le quotient.

a) $11 \times 3 = 33$
$33 \div 11 = 3$

b) $9 \times 7 = 63$
$63 \div 7 = 9$

c) $6 \times 7 = 42$
$42 \div 6 = 7$

d) $4 \times 10 = 40$
$40 \div 4 = 10$

e) $9 \times 5 = 45$
$45 \div 9 = 5$

f) $2 \times 8 = 16$
$16 \div 2 = 8$

g) $9 \times 9 = 81$
$81 \div 9 = 9$

h) $7 \times 11 = 77$
$77 \div 7 = 11$

i) $8 \times 1 = 8$
$8 \div 8 = 1$

j) $8 \times 5 = 40$
$40 \div 8 = 5$

k) $9 \times 12 = 108$
$108 \div 9 = 12$

l) $11 \times 11 = 121$
$121 \div 11 = 11$

## Page 17 — Le lien entre la multiplication et la division (suite)

Utilise les tables de multiplication pour t'aider à trouver le quotient.

a) $2 \times 3 = 6$
$6 \div 2 = 3$

b) $6 \times 9 = 54$
$54 \div 6 = 9$

c) $2 \times 8 = 16$
$16 \div 2 = 8$

d) $4 \times 7 = 28$
$28 \div 4 = 7$

e) $7 \times 12 = 84$
$84 \div 7 = 12$

f) $5 \times 6 = 30$
$30 \div 5 = 6$

g) $9 \times 2 = 18$
$18 \div 9 = 2$

h) $8 \times 11 = 88$
$88 \div 8 = 11$

i) $9 \times 1 = 9$
$9 \div 9 = 1$

j) $6 \times 8 = 48$
$48 \div 6 = 8$

k) $9 \times 11 = 99$
$99 \div 9 = 11$

l) $11 \times 10 = 110$
$110 \div 11 = 10$

## Page 18 — Utilise les tables de multiplications pour diviser par 0 et 1

Lorsqu'on divise un nombre (sauf 0) par lui-même, le quotient est toujours 1.

Par exemple, $5 \div 5 = 1$.

Trouve la multiplication équivalente pour t'aider.

$5 \times 1 = 5$, donc $5 \div 5 = 1$

Lorsqu'on divise un nombre par 1, le quotient est toujours le même que le dividende.

Par exemple, $8 \div 1 = 8$.

Trouve la multiplication équivalente pour t'aider.

$8 \times 1 = 8$, donc $8 \div 1 = 8$

Lorsqu'on divise 0 par n'importe quel nombre (sauf 0), le quotient est toujours 0.

Par exemple, $0 \div 3 = 0$.

Trouve la multiplication équivalente pour l'aider.

$3 \times 0 = 0$, donc $0 \div 3 = 0$

Il est impossible de diviser un nombre par 0.

Complète les divisions suivantes.

$0 \div 7 = 0$   $12 \div 12 = 1$   $10 \div 1 = 10$   $0 \div 6 = 0$

$5 \div 1 = 5$   $0 \div 4 = 0$   $3 \div 3 = 1$   $7 \div 7 = 1$

$0 \div 1 = 0$   $11 \div 1 = 11$   $0 \div 8 = 0$   $6 \div 1 = 6$

$8 \div 8 = 1$   $0 \div 9 = 0$   $9 \div 1 = 9$   $0 \div 2 = 0$

## 19

**Diviser par 2**

Associe les phrases mathématiques à leur quotient.
Indice: exerce-toi à compter par bonds de 2!

| | |
|---|---|
| $0 \div 2 = $ **0** | 4 |
| $2 \div 2 = $ **1** | 9 |
| $4 \div 2 = $ **2** | 6 |
| $6 \div 2 = $ **3** | 8 |
| $8 \div 2 = $ **4** | 11 |
| $10 \div 2 = $ **5** | 3 |
| $12 \div 2 = $ **6** | 12 |
| $14 \div 2 = $ **7** | 7 |
| $16 \div 2 = $ **8** | 1 |
| $18 \div 2 = $ **9** | 10 |
| $20 \div 2 = $ **10** | 0 |
| $22 \div 2 = $ **11** | 5 |
| $24 \div 2 = $ **12** | 2 |

## 20

**Charade mathématique**

**Qu'est-ce qui a 4 pattes mais qui ne peut pas marcher?**

U N E   C H A I S E
2  12 11  8  3  0  4  6  11

**Attention!** Certaines lettres ne sont pas utilisées dans la charade!

Trouve le quotient.

| A | B | C |
|---|---|---|
| $18 \div 2 = $ **9** | $2 \div 2 = $ **1** | $16 \div 2 = $ **8** |
| **E** | **F** | **G** |
| $22 \div 2 = $ **11** | $6 \div 2 = $ **3** | $0 \div 2 = $ **0** |
| **I** | **M** | **N** |
| $8 \div 2 = $ **4** | $10 \div 2 = $ **5** | $24 \div 2 = $ **12** |
| **R** | **S** | **U** |
| $14 \div 2 = $ **7** | $12 \div 2 = $ **6** | $4 \div 2 = $ **2** |

Trouve le dividende manquant.

| | | | |
|---|---|---|---|
| **4** $\div 2 = 2$ | **16** $\div 2 = 8$ | **20** $\div 2 = 10$ | **2** $\div 2 = 1$ |
| **22** $\div 2 = 11$ | **12** $\div 2 = 6$ | **24** $\div 2 = 12$ | **0** $\div 2 = 0$ |

## 21

**Diviser par 3**

Associe les phrases mathématiques à leur quotient.
Indice: exerce-toi à compter par bonds de 3!

| | |
|---|---|
| $0 \div 3 = $ **0** | 8 |
| $3 \div 3 = $ **1** | 5 |
| $6 \div 3 = $ **2** | 9 |
| $9 \div 3 = $ **3** | 7 |
| $12 \div 3 = $ **4** | 10 |
| $15 \div 3 = $ **5** | 6 |
| $18 \div 3 = $ **6** | 11 |
| $21 \div 3 = $ **7** | 4 |
| $24 \div 3 = $ **8** | 12 |
| $27 \div 3 = $ **9** | 0 |
| $30 \div 3 = $ **10** | 1 |
| $33 \div 3 = $ **11** | 2 |
| $36 \div 3 = $ **12** | 3 |

## 22

**Charade mathématique**

**Qu'est-ce qui a 4 dents mais qui ne peut pas manger?**

U N E   F O U R C H E T T E
1  12 11  4  10  1  9  8  2  11  3  3  11

**Attention!** Certaines lettres ne sont pas utilisées dans la charade!

Trouve le quotient.

| A | U | C |
|---|---|---|
| $15 \div 3 = $ **5** | $3 \div 3 = $ **1** | $24 \div 3 = $ **8** |
| **E** | **H** | **I** |
| $33 \div 3 = $ **11** | $6 \div 3 = $ **2** | $21 \div 3 = $ **7** |
| **R** | **N** | **O** |
| $27 \div 3 = $ **9** | $36 \div 3 = $ **12** | $30 \div 3 = $ **10** |
| **P** | **F** | **T** |
| $18 \div 3 = $ **6** | $12 \div 3 = $ **4** | $9 \div 3 = $ **3** |

Trouve le dividende manquant.

| | | | |
|---|---|---|---|
| **18** $\div 3 = 6$ | **24** $\div 3 = 8$ | **15** $\div 3 = 5$ | **30** $\div 3 = 10$ |
| **21** $\div 3 = 7$ | **27** $\div 3 = 9$ | **36** $\div 3 = 12$ | **9** $\div 3 = 3$ |

## 23

**Diviser par 1, 2 et 3**

Associe les phrases mathématiques à leur quotient. Colorie les phrases mathématiques ayant des quotient impairs en rouge et ceux pairs en bleu.

| | | | |
|---|---|---|---|
| $0 \div 1 = $ **0** | 3 | $9 \div 3 = $ **3** | |
| $12 \div 2 = $ **6** | 9 | $5 \div 1 = $ **5** | |
| $15 \div 3 = $ **5** | 7 | $21 \div 3 = $ **7** | |
| $11 \div 1 = $ **11** | 5 | $24 \div 2 = $ **12** | |
| $20 \div 2 = $ **10** | 10 | $1 \div 1 = $ **1** | |
| $36 \div 3 = $ **12** | 4 | $22 \div 2 = $ **11** | |
| $4 \div 2 = $ **2** | 12 | $12 \div 3 = $ **4** | |
| $14 \div 2 = $ **7** | 2 | $10 \div 1 = $ **10** | |
| $3 \div 3 = $ **1** | 6 | $16 \div 2 = $ **8** | |
| $6 \div 2 = $ **3** | 11 | $18 \div 3 = $ **6** | |
| $8 \div 2 = $ **4** | 1 | $27 \div 3 = $ **9** | |
| $16 \div 2 = $ **8** | 0 | $4 \div 2 = $ **2** | |
| $18 \div 2 = $ **9** | 8 | $0 \div 3 = $ **0** | |

## 24

**Diviser par 1, 2 et 3** (suite)

Trouve le quotient.

| | | | |
|---|---|---|---|
| $30 \div 3 = $ **10** | $10 \div 2 = $ **5** | $21 \div 3 = $ **7** | $1 \div 1 = $ **1** |
| $22 \div 2 = $ **11** | $36 \div 3 = $ **12** | $12 \div 1 = $ **12** | $8 \div 2 = $ **4** |
| $10 \div 1 = $ **10** | $24 \div 3 = $ **8** | $24 \div 2 = $ **12** | $8 \div 1 = $ **8** |
| $18 \div 3 = $ **6** | $6 \div 2 = $ **3** | $12 \div 3 = $ **4** | $11 \div 1 = $ **11** |
| $12 \div 2 = $ **6** | $7 \div 1 = $ **7** | $14 \div 2 = $ **7** | $33 \div 3 = $ **11** |
| $9 \div 3 = $ **3** | $5 \div 1 = $ **5** | $27 \div 3 = $ **9** | $0 \div 1 = $ **0** |
| $4 \div 2 = $ **2** | $6 \div 3 = $ **2** | $9 \div 1 = $ **9** | $2 \div 2 = $ **1** |

## 25

**Diviser par 1, 2 et 3** (suite)

Utilise une division à crochet pour trouver le quotient.

| a) **6** $1\overline{)6}$ | b) **1** $3\overline{)3}$ | c) **6** $2\overline{)12}$ | d) **4** $1\overline{)4}$ |
|---|---|---|---|
| e) **8** $3\overline{)24}$ | f) **8** $2\overline{)16}$ | g) **4** $2\overline{)8}$ | h) **10** $3\overline{)30}$ |
| i) **2** $2\overline{)4}$ | j) **5** $1\overline{)5}$ | k) **4** $3\overline{)12}$ | l) **11** $2\overline{)22}$ |
| m) **9** $2\overline{)18}$ | n) **9** $3\overline{)27}$ | o) **8** $1\overline{)8}$ | p) **5** $2\overline{)10}$ |

## 26

**Charade mathématique**

**Qu'est-ce qui a un pied mais qui ne peut pas marcher?**

U N   C H A M P I G N O N
2  10  12  3  8  6  15  7  2  10  5  10

**Attention!** Certaines lettres ne sont pas utilisées dans la charade!

Trouve le quotient.

| A | B | C | D |
|---|---|---|---|
| **8** $3\overline{)24}$ | **11** $3\overline{)33}$ | **12** $3\overline{)36}$ | **14** $2\overline{)28}$ |
| **E** | **F** | **G** | **H** |
| **2** $3\overline{)6}$ | **6** $1\overline{)6}$ | **2** $2\overline{)4}$ | **3** $3\overline{)9}$ |
| **I** | **P** | **U** | **L** |
| **7** $2\overline{)14}$ | **15** $2\overline{)30}$ | **2** $1\overline{)2}$ | **4** $3\overline{)12}$ |
| **M** | **N** | **O** | **R** |
| **6** $2\overline{)12}$ | **10** $3\overline{)30}$ | **5** $2\overline{)10}$ | **6** $3\overline{)18}$ |
| **S** | **Y** | **V** | **X** |
| **2** $3\overline{)6}$ | **9** $3\overline{)27}$ | **50** $3\overline{)150}$ | **1** $1\overline{)1}$ |

## 27

**Diviser par 4**

Associe les phrases mathématiques à leur quotient.
Indice: exerce-toi à compter par bonds de 4!

| | |
|---|---|
| $0 \div 4 = $ **0** | 9 |
| $4 \div 4 = $ **1** | 4 |
| $8 \div 4 = $ **2** | 6 |
| $12 \div 4 = $ **3** | 0 |
| $16 \div 4 = $ **4** | 1 |
| $20 \div 4 = $ **5** | 12 |
| $24 \div 4 = $ **6** | 3 |
| $28 \div 4 = $ **7** | 7 |
| $32 \div 4 = $ **8** | 10 |
| $36 \div 4 = $ **9** | 11 |
| $40 \div 4 = $ **10** | 8 |
| $44 \div 4 = $ **11** | 5 |
| $48 \div 4 = $ **12** | 2 |

## 28 — Charade mathématique

**Je me vide en me remplissant. Qui suis-je?**

LE SABLIER
10 5 · 6 2 12 10 4 5 7

**Attention!** Certaines lettres ne sont pas utilisées dans la charade!

Trouve le quotient.

| | | |
|---|---|---|
| A  8 ÷ 4 = **2** | B  48 ÷ 4 = **12** | E  20 ÷ 4 = **5** |
| H  4 ÷ 4 = **1** | I  16 ÷ 4 = **4** | L  40 ÷ 4 = **10** |
| M  36 ÷ 4 = **9** | N  12 ÷ 4 = **3** | R  28 ÷ 4 = **7** |
| S  24 ÷ 4 = **6** | T  44 ÷ 4 = **11** | Y  32 ÷ 4 = **8** |

Trouve le dividende manquant.

| | | | |
|---|---|---|---|
| **8** ÷ 4 = 2 | **36** ÷ 4 = 9 | **12** ÷ 4 = 3 | **4** ÷ 4 = 1 |
| **40** ÷ 4 = 10 | **28** ÷ 4 = 7 | **48** ÷ 4 = 12 | **20** ÷ 4 = 5 |

## 29 — Diviser par 5

Associe les phrases mathématiques à leur quotient.
Indice: exerce-toi à compter par bonds de 5!

| | |
|---|---|
| 0 ÷ 5 = **0** | 4 |
| 5 ÷ 5 = **1** | 9 |
| 10 ÷ 5 = **2** | 8 |
| 15 ÷ 5 = **3** | 5 |
| 20 ÷ 5 = **4** | 10 |
| 25 ÷ 5 = **5** | 3 |
| 30 ÷ 5 = **6** | 12 |
| 35 ÷ 5 = **7** | 1 |
| 40 ÷ 5 = **8** | 7 |
| 45 ÷ 5 = **9** | 11 |
| 50 ÷ 5 = **10** | 2 |
| 55 ÷ 5 = **11** | 6 |
| 60 ÷ 5 = **12** | 0 |

## 30 — Charade mathématique

**J'ai 5 doigts mais je ne suis pas une main. Qui suis-je?**

UN GANT
10 1 · 9 2 1 3

**Attention!** Certaines lettres ne sont pas utilisées dans la charade!

Trouve le quotient.

| | | |
|---|---|---|
| A  10 ÷ 5 = **2** | C  40 ÷ 5 = **8** | E  25 ÷ 5 = **5** |
| G  45 ÷ 5 = **9** | M  35 ÷ 5 = **7** | N  5 ÷ 5 = **1** |
| O  60 ÷ 5 = **12** | R  20 ÷ 5 = **4** | S  55 ÷ 5 = **11** |
| U  50 ÷ 5 = **10** | T  15 ÷ 5 = **3** | Y  30 ÷ 5 = **6** |

Trouve le dividende manquant.

| | | | |
|---|---|---|---|
| **40** ÷ 5 = 8 | **60** ÷ 5 = 12 | **50** ÷ 5 = 10 | **30** ÷ 5 = 6 |
| **15** ÷ 5 = 3 | **35** ÷ 5 = 7 | **45** ÷ 5 = 9 | **5** ÷ 5 = 1 |

## 31 — Diviser par 6

Associe les phrases mathématiques à leur quotient.
Indice: exerce-toi à compter par bonds de 6!

| | |
|---|---|
| 0 ÷ 6 = **0** | 8 |
| 6 ÷ 6 = **1** | 9 |
| 12 ÷ 6 = **2** | 6 |
| 18 ÷ 6 = **3** | 5 |
| 24 ÷ 6 = **4** | 11 |
| 30 ÷ 6 = **5** | 7 |
| 36 ÷ 6 = **6** | 12 |
| 42 ÷ 6 = **7** | 3 |
| 48 ÷ 6 = **8** | 10 |
| 54 ÷ 6 = **9** | 4 |
| 60 ÷ 6 = **10** | 0 |
| 66 ÷ 6 = **11** | 1 |
| 72 ÷ 6 = **12** | 2 |

## 32 — Charade mathématique

**Quel est le dessert préféré des pompiers?**

LA CRÈME BRULÉE
7 3 · 3 4 5 1 8 · 11 4 10 7 2 8

**Attention!** Certaines lettres ne sont pas utilisées dans la charade!

Trouve le quotient.

| | | |
|---|---|---|
| A  18 ÷ 6 = **3** | E  48 ÷ 6 = **8** | F  72 ÷ 6 = **12** |
| C  36 ÷ 6 = **6** | É  12 ÷ 6 = **2** | L  42 ÷ 6 = **7** |
| M  6 ÷ 6 = **1** | O  54 ÷ 6 = **9** | È  30 ÷ 6 = **5** |
| R  24 ÷ 6 = **4** | B  66 ÷ 6 = **11** | U  60 ÷ 6 = **10** |

Trouve le dividende manquant.

| | | | |
|---|---|---|---|
| **60** ÷ 6 = 10 | **48** ÷ 6 = 8 | **66** ÷ 6 = 11 | **30** ÷ 6 = 5 |
| **54** ÷ 6 = 9 | **24** ÷ 6 = 4 | **42** ÷ 6 = 7 | **18** ÷ 6 = 3 |

## 33 — Diviser par 4, 5 et 6

Associe les phrases mathématiques à leur quotient. Colorie les phrases mathématiques ayant des quotient impairs en rouge et ceux pairs en bleu.

| | | |
|---|---|---|
| 0 ÷ 6 = **0** | 7 | 10 ÷ 5 = **2** |
| 60 ÷ 5 = **12** | 9 | 28 ÷ 4 = **7** |
| 8 ÷ 4 = **2** | 4 | 20 ÷ 4 = **5** |
| 66 ÷ 6 = **11** | 5 | 0 ÷ 5 = **0** |
| 20 ÷ 5 = **4** | 12 | 32 ÷ 4 = **8** |
| 36 ÷ 6 = **6** | 3 | 24 ÷ 6 = **4** |
| 6 ÷ 6 = **1** | 10 | 50 ÷ 5 = **10** |
| 35 ÷ 5 = **7** | 2 | 44 ÷ 4 = **11** |
| 12 ÷ 4 = **3** | 0 | 48 ÷ 4 = **12** |
| 54 ÷ 6 = **9** | 8 | 45 ÷ 5 = **9** |
| 40 ÷ 5 = **8** | 1 | 6 ÷ 6 = **1** |
| 40 ÷ 4 = **10** | 6 | 24 ÷ 4 = **6** |
| 30 ÷ 6 = **5** | 11 | 15 ÷ 5 = **3** |

## 34 — Diviser par 4, 5 et 6 (suite)

Trouve le quotient.

| | | | |
|---|---|---|---|
| 32 ÷ 4 = **8** | 5 ÷ 5 = **1** | 66 ÷ 6 = **11** | 36 ÷ 4 = **9** |
| 25 ÷ 5 = **5** | 36 ÷ 6 = **6** | 4 ÷ 4 = **1** | 0 ÷ 5 = **0** |
| 12 ÷ 6 = **2** | 24 ÷ 4 = **6** | 35 ÷ 5 = **7** | 6 ÷ 6 = **1** |
| 16 ÷ 4 = **4** | 45 ÷ 5 = **9** | 54 ÷ 6 = **9** | 12 ÷ 4 = **3** |
| 10 ÷ 5 = **2** | 18 ÷ 6 = **3** | 28 ÷ 4 = **7** | 15 ÷ 5 = **3** |
| 24 ÷ 6 = **4** | 48 ÷ 4 = **12** | 50 ÷ 5 = **10** | 72 ÷ 6 = **12** |
| 0 ÷ 4 = **0** | 20 ÷ 5 = **4** | 48 ÷ 6 = **8** | 8 ÷ 4 = **2** |

## 35 — Diviser par 4, 5 et 6 (suite)

Utilise une division à crochet pour trouver le quotient.

| | | | |
|---|---|---|---|
| a) $4\overline{)24}$ = **6** | b) $5\overline{)5}$ = **1** | c) $6\overline{)18}$ = **3** | d) $4\overline{)44}$ = **11** |
| e) $6\overline{)60}$ = **10** | f) $4\overline{)20}$ = **5** | g) $5\overline{)10}$ = **2** | h) $6\overline{)30}$ = **5** |
| i) $5\overline{)35}$ = **7** | j) $6\overline{)42}$ = **7** | k) $4\overline{)4}$ = **1** | l) $5\overline{)55}$ = **11** |
| m) $4\overline{)28}$ = **7** | n) $5\overline{)20}$ = **4** | o) $6\overline{)66}$ = **11** | p) $4\overline{)12}$ = **3** |

## 36 — Charade mathématique

**Je suis noir quand je suis propre et je suis blanc quand je suis sale. Qui suis-je?**

LE TABLETU
7 1 · 8 11 5 7 1 10

**Attention!** Certaines lettres ne sont pas utilisées dans la charade!

Trouve le quotient.

| | | | |
|---|---|---|---|
| A  **11** $4\overline{)44}$ | B  **5** $5\overline{)25}$ | E  **1** $6\overline{)8}$ | G  **12** $8\overline{)72}$ |
| H  **4** $4\overline{)20}$ | L  **7** $5\overline{)35}$ | M  **0** $5\overline{)0}$ | N  **3** $4\overline{)12}$ |
| O  **6** $4\overline{)24}$ | P  **12** $4\overline{)48}$ | R  **6** $5\overline{)30}$ | S  **2** $5\overline{)10}$ |
| T  **8** $6\overline{)48}$ | U  **10** $5\overline{)50}$ | W  **9** $5\overline{)45}$ | X  **6** $6\overline{)36}$ |

## Page 37 — Diviser par 7

Associe les phrases mathématiques à leur quotient.
Indice : exerce-toi à compter par bonds de 7!

| Équations | Quotients |
|---|---|
| $0 \div 7 = $ **0** | 8 |
| $7 \div 7 = $ **1** | 6 |
| $14 \div 7 = $ **2** | 9 |
| $21 \div 7 = $ **3** | 1 |
| $28 \div 7 = $ **4** | 3 |
| $35 \div 7 = $ **5** | 11 |
| $42 \div 7 = $ **6** | 7 |
| $49 \div 7 = $ **7** | 12 |
| $56 \div 7 = $ **8** | 2 |
| $63 \div 7 = $ **9** | 0 |
| $70 \div 7 = $ **10** | 5 |
| $77 \div 7 = $ **11** | 10 |
| $84 \div 7 = $ **12** | |

## Page 38 — Charade mathématique

**Comment les abeilles communiquent-elles entre elles?**

P A R   E   M I E L
8  2  3   7   6  1  7  10

**Attention!** Certaines lettres ne sont pas utilisées dans la charade!

Trouve le quotient.

| | | |
|---|---|---|
| **A** $14 \div 7 = $ **2** | **C** $84 \div 7 = $ **12** | **R** $21 \div 7 = $ **3** |
| **E** $49 \div 7 = $ **7** | **H** $63 \div 7 = $ **9** | **M** $42 \div 7 = $ **6** |
| **O** $35 \div 7 = $ **5** | **P** $56 \div 7 = $ **8** | **S** $77 \div 7 = $ **11** |
| **L** $70 \div 7 = $ **10** | **U** $28 \div 7 = $ **4** | **I** $7 \div 7 = $ **1** |

Trouve le dividende manquant.

| | | | |
|---|---|---|---|
| **35** $\div 7 = 5$ | **56** $\div 7 = 8$ | **84** $\div 7 = 12$ | **28** $\div 7 = 4$ |
| **70** $\div 7 = 10$ | **14** $\div 7 = 2$ | **42** $\div 7 = 6$ | **21** $\div 7 = 3$ |

## Page 39 — Diviser par 8

Associe les phrases mathématiques à leur quotient.
Indice : exerce-toi à compter par bonds de 8!

| Équations | Quotients |
|---|---|
| $0 \div 8 = $ **0** | 4 |
| $8 \div 8 = $ **1** | 9 |
| $16 \div 8 = $ **2** | 6 |
| $24 \div 8 = $ **3** | 8 |
| $32 \div 8 = $ **4** | 11 |
| $40 \div 8 = $ **5** | 3 |
| $48 \div 8 = $ **6** | 12 |
| $56 \div 8 = $ **7** | 7 |
| $64 \div 8 = $ **8** | 1 |
| $72 \div 8 = $ **9** | 10 |
| $80 \div 8 = $ **10** | 0 |
| $88 \div 8 = $ **11** | 5 |
| $96 \div 8 = $ **12** | 2 |

## Page 40 — Charade mathématique

**Quel animal n'a jamais soif?**

L E   Z É B U
10  4   1  12  6  5

**Attention!** Certaines lettres ne sont pas utilisées dans la charade!

Trouve le quotient.

| | | |
|---|---|---|
| **A** $24 \div 8 = $ **3** | **B** $48 \div 8 = $ **6** | **C** $72 \div 8 = $ **9** |
| **E** $32 \div 8 = $ **4** | **H** $16 \div 8 = $ **2** | **U** $40 \div 8 = $ **5** |
| **É** $96 \div 8 = $ **12** | **K** $56 \div 8 = $ **7** | **L** $80 \div 8 = $ **10** |
| **P** $88 \div 8 = $ **11** | **Z** $8 \div 8 = $ **1** | **R** $64 \div 8 = $ **8** |

Trouve le dividende manquant.

| | | | |
|---|---|---|---|
| **16** $\div 8 = 2$ | **88** $\div 8 = 11$ | **64** $\div 8 = 8$ | **32** $\div 8 = 4$ |
| **80** $\div 8 = 10$ | **24** $\div 8 = 3$ | **72** $\div 8 = 9$ | **96** $\div 8 = 12$ |

## Page 41 — Diviser par 9

Associe les phrases mathématiques à leur quotient.
Indice : exerce-toi à compter par bonds de 6!

| Équations | Quotients |
|---|---|
| $0 \div 9 = $ **0** | 7 |
| $9 \div 9 = $ **1** | 9 |
| $18 \div 9 = $ **2** | 2 |
| $27 \div 9 = $ **3** | 8 |
| $36 \div 9 = $ **4** | 4 |
| $45 \div 9 = $ **5** | 12 |
| $54 \div 9 = $ **6** | 3 |
| $63 \div 9 = $ **7** | 11 |
| $72 \div 9 = $ **8** | 6 |
| $81 \div 9 = $ **9** | 5 |
| $90 \div 9 = $ **10** | 0 |
| $99 \div 9 = $ **11** | 10 |
| $108 \div 9 = $ **12** | 1 |

## Page 42 — Charade mathématique

**Je commence la nuit et je finis le matin. Je suis là 2 fois dans l'année. Qui suis-je?**

L A   L E T T R E   N
6  4   6  2  7  7  12  2   10

**Attention!** Certaines lettres ne sont pas utilisées dans la charade!

Trouve le quotient.

| | | |
|---|---|---|
| **A** $36 \div 9 = $ **4** | **B** $45 \div 9 = $ **5** | **C** $72 \div 9 = $ **8** |
| **D** $81 \div 9 = $ **9** | **E** $18 \div 9 = $ **2** | **M** $99 \div 9 = $ **11** |
| **N** $90 \div 9 = $ **10** | **L** $54 \div 9 = $ **6** | **P** $27 \div 9 = $ **3** |
| **R** $108 \div 9 = $ **12** | **S** $9 \div 9 = $ **1** | **T** $63 \div 9 = $ **7** |

Trouve le dividende manquant.

| | | | |
|---|---|---|---|
| **90** $\div 9 = 10$ | **72** $\div 9 = 8$ | **99** $\div 9 = 11$ | **45** $\div 9 = 5$ |
| **81** $\div 9 = 9$ | **36** $\div 9 = 4$ | **63** $\div 9 = 7$ | **27** $\div 9 = 3$ |

## Page 43 — Diviser par 7, 8 et 9

Associe les phrases mathématiques à leur quotient. Colorie les phrases mathématiques ayant des quotient impairs en rouge et ceux pairs en bleu.

| Colonne 1 | Quotients | Colonne 2 |
|---|---|---|
| $0 \div 9 = $ **0** | 11 | $63 \div 7 = $ **9** |
| $64 \div 8 = $ **8** | 5 | $28 \div 7 = $ **4** |
| $77 \div 7 = $ **11** | 4 | $0 \div 8 = $ **0** |
| $108 \div 9 = $ **12** | 9 | $27 \div 9 = $ **3** |
| $40 \div 8 = $ **5** | 12 | $72 \div 9 = $ **8** |
| $70 \div 7 = $ **10** | 2 | $42 \div 7 = $ **6** |
| $63 \div 9 = $ **7** | 1 | $7 \div 7 = $ **1** |
| $8 \div 8 = $ **1** | 3 | $45 \div 9 = $ **5** |
| $21 \div 7 = $ **3** | 6 | $16 \div 8 = $ **2** |
| $54 \div 9 = $ **6** | 8 | $49 \div 7 = $ **7** |
| $32 \div 8 = $ **4** | 10 | $96 \div 8 = $ **12** |
| $14 \div 7 = $ **2** | 0 | $88 \div 8 = $ **11** |
| $81 \div 9 = $ **9** | 7 | $90 \div 9 = $ **10** |

## Page 44 — Diviser par 7, 8 et 9 (suite)

Trouve le quotient.

| | | | |
|---|---|---|---|
| $35 \div 7 = $ **5** | $8 \div 8 = $ **1** | $108 \div 9 = $ **12** | $70 \div 7 = $ **10** |
| $24 \div 8 = $ **3** | $45 \div 9 = $ **5** | $21 \div 7 = $ **3** | $0 \div 8 = $ **0** |
| $9 \div 9 = $ **1** | $56 \div 7 = $ **8** | $32 \div 8 = $ **4** | $81 \div 9 = $ **9** |
| $14 \div 7 = $ **2** | $64 \div 8 = $ **8** | $54 \div 9 = $ **6** | $0 \div 7 = $ **0** |
| $16 \div 8 = $ **2** | $90 \div 9 = $ **10** | $28 \div 7 = $ **4** | $48 \div 8 = $ **6** |
| $63 \div 9 = $ **7** | $42 \div 7 = $ **6** | $56 \div 8 = $ **7** | $72 \div 9 = $ **8** |
| $49 \div 7 = $ **7** | $80 \div 8 = $ **10** | $99 \div 9 = $ **11** | $84 \div 7 = $ **12** |

## Page 45 — Diviser par 7, 8 et 9 (suite)

Utilise une division à crochet pour trouver le quotient.

| | | | |
|---|---|---|---|
| a) $7\overline{)49}$ — **7** | b) $8\overline{)96}$ — **12** | c) $8\overline{)24}$ — **3** | d) $9\overline{)18}$ — **2** |
| e) $8\overline{)64}$ — **8** | f) $9\overline{)99}$ — **11** | g) $7\overline{)56}$ — **8** | h) $8\overline{)40}$ — **5** |
| i) $7\overline{)63}$ — **9** | j) $8\overline{)56}$ — **7** | k) $9\overline{)90}$ — **10** | l) $7\overline{)70}$ — **10** |
| m) $9\overline{)54}$ — **6** | n) $7\overline{)42}$ — **6** | o) $8\overline{)48}$ — **6** | p) $9\overline{)27}$ — **3** |

## 46

### Charade mathématique

**Que fait une vache quand elle ferme les yeux ?**

D U   L A I T
8 5   1 3 6 5

C O N C E N T R É
7 10 4 7 6 4 5 12 2

*Attention! Certaines lettres ne sont pas utilisées dans la charade!*

Trouve le quotient.

| A $4$ $7\overline{)28}$ | B $9$ $8\overline{)72}$ | T $5$ $9\overline{)45}$ | D $8$ $7\overline{)56}$ |
|---|---|---|---|
| E $6$ $7\overline{)42}$ | É $2$ $9\overline{)18}$ | G $2$ $7\overline{)14}$ | O $10$ $8\overline{)80}$ |
| I $6$ $8\overline{)48}$ | N $4$ $8\overline{)32}$ | K $12$ $9\overline{)108}$ | L $1$ $7\overline{)7}$ |
| M $6$ $9\overline{)54}$ | C $7$ $9\overline{)63}$ | P $5$ $7\overline{)35}$ | R $12$ $8\overline{)96}$ |
| S $12$ $7\overline{)84}$ | U $5$ $8\overline{)40}$ | W $11$ $8\overline{)88}$ | Y $3$ $7\overline{)21}$ |

## 47

### Diviser par 10

Associe les phrases mathématiques à leur quotient.
Indice: exerce-toi à compter par bonds de 10!

| | | |
|---|---|---|
| $0 \div 10 = 0$ | | $3$ |
| $10 \div 10 = 1$ | | $4$ |
| $20 \div 10 = 2$ | | $10$ |
| $30 \div 10 = 3$ | | $6$ |
| $40 \div 10 = 4$ | | $11$ |
| $50 \div 10 = 5$ | | $9$ |
| $60 \div 10 = 6$ | | $7$ |
| $70 \div 10 = 7$ | | $1$ |
| $80 \div 10 = 8$ | | $12$ |
| $90 \div 10 = 9$ | | $0$ |
| $100 \div 10 = 10$ | | $8$ |
| $110 \div 10 = 11$ | | $2$ |
| $120 \div 10 = 12$ | | $5$ |

## 48

### Charade mathématique

**Qu'est-ce qui monte et descend mais ne bouge pas?**

L A   T E M P É R A T U R E
9 8   5 12 4 11 10 3   8 5   6 3   12

*Attention! Certaines lettres ne sont pas utilisées dans la charade!*

Trouve le quotient.

| A $80 \div 10 = 8$ | M $40 \div 10 = 4$ | E $120 \div 10 = 12$ |
|---|---|---|
| L $90 \div 10 = 9$ | P $110 \div 10 = 11$ | H $20 \div 10 = 2$ |
| U $60 \div 10 = 6$ | É $100 \div 10 = 10$ | R $30 \div 10 = 3$ |
| S $70 \div 10 = 7$ | T $50 \div 10 = 5$ | Y $10 \div 10 = 1$ |

Trouve le dividende manquant.

| $30 \div 10 = 3$ | $80 \div 10 = 8$ | $120 \div 10 = 12$ | $60 \div 10 = 6$ |
|---|---|---|---|
| $110 \div 10 = 11$ | $50 \div 10 = 5$ | $70 \div 10 = 7$ | $90 \div 10 = 9$ |

## 49

### Diviser par 11

Associe les phrases mathématiques à leur quotient.
Indice: exerce-toi à compter par bonds de 11!

| | | |
|---|---|---|
| $0 \div 11 = 0$ | | $11$ |
| $11 \div 11 = 1$ | | $0$ |
| $22 \div 11 = 2$ | | $6$ |
| $33 \div 11 = 3$ | | $8$ |
| $44 \div 11 = 4$ | | $9$ |
| $55 \div 11 = 5$ | | $3$ |
| $66 \div 11 = 6$ | | $4$ |
| $77 \div 11 = 7$ | | $2$ |
| $88 \div 11 = 8$ | | $12$ |
| $99 \div 11 = 9$ | | $5$ |
| $110 \div 11 = 10$ | | $10$ |
| $121 \div 11 = 11$ | | $1$ |
| $132 \div 11 = 12$ | | $7$ |

## 50

### Charade mathématique

**Qu'est-ce qui monte et ne descend jamais?**

T O N   Â G E
8 1 12   3 7 4

*Attention! Certaines lettres ne sont pas utilisées dans la charade!*

Trouve le quotient.

| A $33 \div 11 = 3$ | B $121 \div 11 = 11$ | C $55 \div 11 = 5$ |
|---|---|---|
| E $44 \div 11 = 4$ | G $77 \div 11 = 7$ | I $110 \div 11 = 10$ |
| J $99 \div 11 = 9$ | O $11 \div 11 = 1$ | N $132 \div 11 = 12$ |
| P $22 \div 11 = 2$ | S $66 \div 11 = 6$ | T $88 \div 11 = 8$ |

Trouve le dividende manquant.

| $33 \div 11 = 3$ | $44 \div 11 = 4$ | $88 \div 11 = 8$ | $132 \div 11 = 12$ |
|---|---|---|---|
| $99 \div 11 = 9$ | $110 \div 11 = 10$ | $55 \div 11 = 5$ | $22 \div 11 = 2$ |

## 51

### Diviser par 12

Associe les phrases mathématiques à leur quotient.
Indice: exerce-toi à compter par bonds de 12!

| | | |
|---|---|---|
| $0 \div 12 = 0$ | | $10$ |
| $12 \div 12 = 1$ | | $8$ |
| $24 \div 12 = 2$ | | $6$ |
| $36 \div 12 = 3$ | | $12$ |
| $48 \div 12 = 4$ | | $5$ |
| $60 \div 12 = 5$ | | $9$ |
| $72 \div 12 = 6$ | | $11$ |
| $84 \div 12 = 7$ | | $0$ |
| $96 \div 12 = 8$ | | $2$ |
| $108 \div 12 = 9$ | | $4$ |
| $120 \div 12 = 10$ | | $1$ |
| $132 \div 12 = 11$ | | $7$ |
| $144 \div 12 = 12$ | | $3$ |

## 52

### Charade mathématique

**Qu'est-ce qui traverse la prairie sans marcher dessus?**

L E   C H E M I N
6 6   10 5 6 12 1 2

*Attention! Certaines lettres ne sont pas utilisées dans la charade!*

Trouve le quotient.

| A $36 \div 12 = 3$ | B $48 \div 12 = 4$ | E $72 \div 12 = 6$ |
|---|---|---|
| I $12 \div 12 = 1$ | L $96 \div 12 = 8$ | M $144 \div 12 = 12$ |
| N $24 \div 12 = 2$ | O $132 \div 12 = 11$ | P $84 \div 12 = 7$ |
| C $120 \div 12 = 10$ | T $108 \div 12 = 9$ | H $60 \div 12 = 5$ |

Trouve le dividende manquant.

| $132 \div 12 = 11$ | $24 \div 12 = 2$ | $108 \div 12 = 9$ | $72 \div 12 = 6$ |
|---|---|---|---|
| $60 \div 12 = 5$ | $96 \div 12 = 8$ | $84 \div 12 = 7$ | $48 \div 12 = 4$ |

## 53

### Diviser par 10, 11 et 12

Associe les phrases mathématiques à leur quotient. Colorie les phrases mathématiques ayant des quotient impairs en rouge et ceux pairs en bleu.

| | | | | |
|---|---|---|---|---|
| $121 \div 11 = 11$ | $7$ | | $40 \div 10 = 4$ | |
| $60 \div 12 = 5$ | $9$ | | $72 \div 12 = 6$ | |
| $80 \div 10 = 8$ | $4$ | | $22 \div 11 = 2$ | |
| $99 \div 11 = 9$ | $5$ | | $10 \div 10 = 1$ | |
| $24 \div 12 = 2$ | $12$ | | $36 \div 12 = 3$ | |
| $100 \div 10 = 10$ | $3$ | | $121 \div 11 = 11$ | |
| $11 \div 11 = 1$ | $10$ | | $110 \div 11 = 10$ | |
| $0 \div 12 = 0$ | $2$ | | $108 \div 12 = 9$ | |
| $80 \div 10 = 6$ | $0$ | | $55 \div 11 = 5$ | |
| $132 \div 11 = 12$ | $8$ | | $84 \div 12 = 7$ | |
| $48 \div 12 = 4$ | $1$ | | $0 \div 10 = 0$ | |
| $30 \div 10 = 3$ | $6$ | | $88 \div 11 = 8$ | |
| $77 \div 11 = 7$ | $11$ | | $144 \div 12 = 12$ | |

## 54

### Diviser par 10, 11 et 12 (suite)

Trouve le quotient.

| | | | |
|---|---|---|---|
| $30 \div 10 = 3$ | $110 \div 11 = 10$ | $108 \div 12 = 9$ | $50 \div 10 = 5$ |
| $55 \div 11 = 5$ | $36 \div 12 = 3$ | $90 \div 10 = 9$ | $0 \div 11 = 0$ |
| $144 \div 12 = 12$ | $80 \div 10 = 8$ | $22 \div 11 = 2$ | $48 \div 12 = 4$ |
| $100 \div 10 = 10$ | $44 \div 11 = 4$ | $84 \div 12 = 7$ | $120 \div 10 = 12$ |
| $33 \div 11 = 3$ | $60 \div 12 = 5$ | $20 \div 10 = 2$ | $88 \div 11 = 8$ |
| $24 \div 12 = 2$ | $70 \div 10 = 7$ | $11 \div 11 = 1$ | $72 \div 12 = 6$ |
| $40 \div 10 = 4$ | $66 \div 11 = 6$ | $96 \div 12 = 8$ | $10 \div 10 = 1$ |

## Page 55 — Diviser par 10, 11 et 12 (suite)

Utilise une division à crochet pour trouver le quotient.

a) $10\overline{)60} = 6$  b) $11\overline{)33} = 3$  c) $12\overline{)12} = 1$  d) $10\overline{)40} = 4$

e) $12\overline{)24} = 2$  f) $10\overline{)70} = 7$  g) $11\overline{)55} = 5$  h) $12\overline{)60} = 5$

i) $11\overline{)44} = 4$  j) $12\overline{)144} = 12$  k) $10\overline{)120} = 12$  l) $11\overline{)22} = 2$

m) $10\overline{)90} = 9$  n) $11\overline{)77} = 7$  o) $12\overline{)36} = 3$  p) $10\overline{)10} = 1$

## Page 56 — Charade mathématique

**Qu'est-ce qui est au bout du monde?**

L A / L E T T R E / E
9 11 9 7 3 3 4 7 7

Attention! Certaines lettres ne sont pas utilisées dans la charade!

Trouve le quotient.

| A $11\overline{)121} = 11$ | B $12\overline{)12} = 1$ | C $12\overline{)48} = 4$ | D $11\overline{)22} = 2$ |
|---|---|---|---|
| E $11\overline{)77} = 7$ | F $11\overline{)11} = 1$ | G $10\overline{)40} = 4$ | H $12\overline{)120} = 10$ |
| I $12\overline{)72} = 6$ | K $11\overline{)66} = 6$ | L $12\overline{)108} = 9$ | M $10\overline{)10} = 1$ |
| N $12\overline{)96} = 8$ | O $10\overline{)60} = 6$ | P $10\overline{)50} = 5$ | R $11\overline{)44} = 4$ |
| S $10\overline{)20} = 2$ | T $12\overline{)36} = 3$ | V $12\overline{)0} = 0$ | Y $11\overline{)132} = 12$ |

## Page 57 — Les divisions de 0 à 12

Associe les phrases mathématiques à leur quotient. Colorie les phrases mathématiques ayant des quotient impairs en rouge et ceux pairs en bleu.

|  | |  |
|---|---|---|
| $7 \div 1 = 7$ | 12 | $12 \div 2 = 6$ |
| $22 \div 2 = 11$ | 5 | $20 \div 5 = 4$ |
| $6 \div 2 = 3$ | 8 | $48 \div 6 = 8$ |
| $72 \div 12 = 6$ | 10 | $24 \div 8 = 3$ |
| $45 \div 5 = 9$ | 3 | $0 \div 8 = 0$ |
| $12 \div 6 = 2$ | 7 | $84 \div 12 = 7$ |
| $70 \div 7 = 10$ | 4 | $3 \div 3 = 1$ |
| $16 \div 4 = 4$ | 2 | $25 \div 5 = 5$ |
| $108 \div 9 = 12$ | 0 | $132 \div 11 = 12$ |
| $10 \div 10 = 1$ | 11 | $81 \div 9 = 9$ |
| $55 \div 11 = 5$ | 9 | $24 \div 12 = 2$ |
| $0 \div 12 = 0$ | 1 | $121 \div 11 = 11$ |
| $32 \div 4 = 8$ | 6 | $100 \div 10 = 10$ |

## Page 58 — Dividendes manquants

Complète les phrases mathématiques en trouvant les dividendes manquants.

$4 \div 2 = 2$   $80 \div 10 = 8$   $90 \div 9 = 10$   $4 \div 4 = 1$

$50 \div 5 = 10$   $36 \div 6 = 6$   $18 \div 3 = 6$   $60 \div 12 = 5$

$88 \div 8 = 11$   $144 \div 12 = 12$   $55 \div 11 = 5$   $0 \div 5 = 0$

$84 \div 7 = 12$   $18 \div 9 = 2$   $70 \div 7 = 10$   $45 \div 5 = 9$

$44 \div 11 = 4$   $14 \div 2 = 7$   $36 \div 3 = 12$   $28 \div 4 = 7$

$9 \div 3 = 3$   $54 \div 6 = 9$   $20 \div 10 = 2$   $3 \div 1 = 3$

$99 \div 9 = 11$   $40 \div 4 = 10$   $42 \div 6 = 7$   $48 \div 12 = 4$

## Page 59 — Dividendes manquants (suite)

Complète les phrases mathématiques en trouvant les dividendes manquants.

$18 \div 9 = 2$   $40 \div 5 = 8$   $60 \div 6 = 10$   $1 \div 1 = 1$

$70 \div 7 = 10$   $48 \div 8 = 6$   $24 \div 4 = 6$   $16 \div 4 = 4$

$33 \div 3 = 11$   $132 \div 11 = 12$   $45 \div 9 = 5$   $0 \div 10 = 0$

$108 \div 9 = 12$   $16 \div 8 = 2$   $120 \div 12 = 10$   $36 \div 4 = 9$

$40 \div 10 = 4$   $77 \div 11 = 7$   $88 \div 11 = 8$   $35 \div 5 = 7$

$18 \div 6 = 3$   $9 \div 9 = 1$   $2 \div 1 = 2$   $36 \div 12 = 3$

$44 \div 4 = 11$   $20 \div 2 = 10$   $56 \div 8 = 7$   $4 \div 1 = 4$

## Page 60 — Charade mathématique

**Je suis blanc, mais si je tombe sur le sol, je deviens jaune? Qui suis-je?**

U N / O E U F
8 3 4 0 8 1

Attention! Certaines lettres ne sont pas utilisées dans la charade!

Trouve le quotient.

| A $144 \div 12 = 12$ | B $14 \div 7 = 2$ | C $56 \div 7 = 8$ | D $42 \div 6 = 7$ |
|---|---|---|---|
| E $0 \div 4 = 0$ | F $11 \div 11 = 1$ | J $20 \div 2 = 10$ | K $36 \div 6 = 6$ |
| M $25 \div 5 = 5$ | N $9 \div 3 = 3$ | O $16 \div 4 = 4$ | P $0 \div 3 = 0$ |
| R $63 \div 7 = 9$ | S $60 \div 6 = 10$ | T $12 \div 2 = 6$ | U $72 \div 9 = 8$ |
| V $121 \div 11 = 11$ | W $100 \div 10 = 10$ | X $48 \div 6 = 8$ | Y $44 \div 4 = 11$ |

## Page 61 — Utiliser des moitiés pour diviser

Pour $32 \div 4$, tu sais que 4 est $2 \times 2$.

Pour diviser par 4, divise d'abord par 2.   $32 \div 2 = 16$
Puis, divise encore par 2   $16 \div 2 = 8$
Donc, $32 \div 4 = 8$

Utilise des moitiés pour diviser. Dessine un tableau pour t'aider.

a) $44 \div 4$ — Divise par 2: 22 — Divise encore par 2: 11 — Donc, $44 \div 4 = 11$

b) $36 \div 4$ — Divise par 2: 18 — Divise encore par 2: 9 — Donc, $36 \div 4 = 9$

c) $28 \div 4$ — Divise par 2: 14 — Divise encore par 2: 7 — Donc, $28 \div 4 = 7$

d) $48 \div 4$ — Divise par 2: 24 — Divise encore par 2: 12 — Donc, $48 \div 4 = 12$

e) $20 \div 4$ — Divise par 2: 10 — Divise encore par 2: 5 — Donc, $20 \div 4 = 5$

f) $24 \div 4$ — Divise par 2: 12 — Divise encore par 2: 6 — Donc, $24 \div 4 = 6$

## Page 62 — Utiliser des moitiés pour diviser (suite)

Utiliser des moitiés pour diviser. Répète l'opération plusieurs fois.
Indice: pour diviser par 8, divise par 2, puis par 2, puis encore par 2.

a) $24 \div 8$ — Divise par 2: 12 — Divise par 2: 6 — Divise par 2: 3 — Donc, $24 \div 8 = 3$

b) $40 \div 8$ — Divise par 2: 20 — Divise par 2: 10 — Divise par 2: 5 — Donc, $40 \div 8 = 5$

c) $64 \div 8$ — Divise par 2: 32 — Divise par 2: 16 — Divise par 2: 8 — Donc, $64 \div 8 = 8$

d) $56 \div 8$ — Divise par 2: 28 — Divise par 2: 14 — Divise par 2: 7 — Donc, $56 \div 8 = 7$

e) $48 \div 8$ — Divise par 2: 24 — Divise par 2: 12 — Divise par 2: 6 — Donc, $48 \div 8 = 6$

f) $32 \div 8$ — Divise par 2: 16 — Divise par 2: 8 — Divise par 2: 4 — Donc, $32 \div 8 = 4$

**GYMNASTIQUE DE CERVEAU**

Mathieu dit qu'il peut utiliser des moitiés à répétition pour diviser 96 par 8. A-t-il raison? Laisse des traces de la démarche.

Oui   $96 \div 8$
Diviser par 2: 48
Diviser par 2: 24
Diviser par 2: 12
donc, $96 \div 8 = 12$.

## Page 63 — Utiliser des blocs pour diviser

Paméla veut diviser 86 cartes avec ses 4 amis.
Elle utilise des blocs pour représenter la division. 86 = 8 dizaines et 6 unités
Paméla partage en groupes les dizaines, puis les unités.
Il y a 2 dizaines et 1 unité dans chaque groupe. Il y a 2 unités restantes.
Elle ne sont pas dans un groupe.
Donc, $86 \div 4 = 21$ reste 2 unités.

Elle utilise donc la division à crochet pour vérifier.
4 groupes → $4\overline{)86} = 21$ (2 dizaines dans chaque groupe, 1 unité dans chaque groupe, 86 cartes), reste 2 unités.

Utiliser des blocs pour représenter la division. Puis, divise.

Exemple : 24 ÷ ... → $2\overline{)4}$, $-8$, $-8$, $-0$

a) $3\overline{)69} = 23$ — 2 groupes; 2 dizaines et 3 unités dans chaque groupe

b) $5\overline{)75} = 15$ — 4 groupes; 1 dizaine et 5 unités dans chaque groupe

2 groupes; 2 dizaines et 4 unités dans chaque groupe.

## Page 64 — Utiliser des blocs pour diviser (suite)

Divise. Écris les restes.

| a) $5\overline{)67}$ = **13** | b) $4\overline{)89}$ = **22** | c) $3\overline{)92}$ = **30** |
|---|---|---|
| **5** groupes | **4** groupes | **3** groupes |
| **13** dans chaque groupe | **22** dans chaque groupe | **30** dans chaque groupe |
| **2** restes | **1** restes | **2** restes |
| d) $2\overline{)45}$ = **22** | e) $4\overline{)78}$ = **19** | f) $6\overline{)39}$ = **6** |
| **2** groupes | **4** groupes | **6** groupes |
| **22** dans chaque groupe | **19** dans chaque groupe | **6** dans chaque groupe |
| **1** restes | **2** restes | **3** restes |

Jenny plante 88 arbres en 4 rangées. Combien y a-t-il d'arbres par rangée? Laisse des traces de ta démarche.

$$88 \div 4 = 22$$

---

## Page 65 — Diviser des multiples de 10, 100 et 1000

Divise:  4000 ÷ 8 =

Pense:  40 unités ÷ 8 = 5 unités = 5
40 dizaines ÷ 8 = 5 dizaines = 50
40 centaines ÷ 8 = 5 centaines = 500

Donc, 4000 ÷ 8 = 500.

Utilise les tables de multiplications et divisions pour t'aider à diviser.

| a) 9 ÷ 3 = **3** | b) 16 ÷ 4 = **4** | c) 6 ÷ 2 = **3** |
|---|---|---|
| 90 ÷ 3 = **30** | 160 ÷ 4 = **40** | 60 ÷ 2 = **30** |
| 900 ÷ 3 = **300** | 1600 ÷ 4 = **400** | 600 ÷ 2 = **300** |
| 9000 ÷ 3 = **3000** | 16 000 ÷ 4 = **4000** | 6000 ÷ 2 = **3000** |
| d) 8 ÷ 8 = **1** | e) 10 ÷ 5 = **2** | f) 25 ÷ 5 = **5** |
| 80 ÷ 8 = **10** | 100 ÷ 5 = **20** | 250 ÷ 5 = **50** |
| 800 ÷ 8 = **100** | 1000 ÷ 5 = **200** | 2500 ÷ 5 = **500** |
| 8000 ÷ 8 = **1000** | 10 000 ÷ 5 = **2000** | 25 000 ÷ 5 = **5000** |

---

## Page 66 — Diviser des multiples de 10, 100 et 1000 (suite)

Utilise les tables de multiplications et divisions pour t'aider à diviser.

| a) 4 ÷ 2 = **2** | b) 16 ÷ 4 = **4** | c) 6 ÷ 2 = **3** |
|---|---|---|
| 40 ÷ 2 = **20** | 160 ÷ 4 = **40** | 60 ÷ 2 = **30** |
| 400 ÷ 2 = **200** | 1800 ÷ 4 = **400** | 600 ÷ 2 = **300** |
| 4000 ÷ 2 = **2000** | 16 000 ÷ 4 = **4000** | 6000 ÷ 2 = **3000** |
| d) 49 ÷ 7 = **7** | e) 18 ÷ 9 = **2** | f) 24 ÷ 6 = **4** |
| 490 ÷ 7 = **70** | 180 ÷ 9 = **20** | 240 ÷ 6 = **40** |
| 4900 ÷ 7 = **700** | 1800 ÷ 9 = **200** | 2400 ÷ 6 = **400** |
| 49 000 ÷ 7 = **7000** | 18 000 ÷ 9 = **2000** | 24 000 ÷ 6 = **4000** |
| g) 36 ÷ 6 = **6** | h) 20 ÷ 4 = **5** | i) 50 ÷ 5 = **10** |
| 360 ÷ 6 = **60** | 200 ÷ 4 = **50** | 500 ÷ 5 = **100** |
| 3600 ÷ 6 = **600** | 2000 ÷ 4 = **500** | 5000 ÷ 5 = **1000** |
| 36 000 ÷ 6 = **6000** | 20 000 ÷ 4 = **5000** | 50 000 ÷ 5 = **10 000** |

---

## Page 67 — Diviser des multiples de 10, 100 et 1000 (suite)

Utilise les tables de multiplications et divisions pour t'aider à diviser.

| a) 48 ÷ 12 = **4** | b) 54 ÷ 9 = **6** | c) 32 ÷ 8 = **4** |
|---|---|---|
| 480 ÷ 12 = **40** | 540 ÷ 9 = **60** | 320 ÷ 8 = **40** |
| 4800 ÷ 12 = **400** | 5400 ÷ 9 = **600** | 3200 ÷ 8 = **400** |
| 48 000 ÷ 12 = **4000** | 54 000 ÷ 9 = **6000** | 32 000 ÷ 8 = **4000** |

Divise.

| 70 ÷ 7 = **10** | 6400 ÷ 8 = **800** | 5600 ÷ 8 = **700** |
|---|---|---|
| 2400 ÷ 6 = **400** | 20 ÷ 4 = **5** | 8100 ÷ 9 = **900** |
| 3000 ÷ 3 = **1000** | 200 ÷ 4 = **50** | 50 ÷ 10 = **5** |
| 80 ÷ 2 = **40** | 4800 ÷ 4 = **1200** | 350 ÷ 7 = **50** |
| 6300 ÷ 7 = **900** | 60 ÷ 3 = **20** | 5000 ÷ 5 = **1000** |
| 7000 ÷ 7 = **1000** | 720 ÷ 9 = **80** | 120 ÷ 3 = **40** |
| 200 ÷ 2 = **100** | 140 ÷ 7 = **20** | 6000 ÷ 3 = **2000** |

---

## Page 68 — Charade mathématique

**Qu'est-ce qui donne des réponses mais qui ne parle pas?**

L A  C A L C U L A T R I C E
100 10  700 10 100 700 10  10 1200 90  60 700 400

Attention! Certaines lettres ne sont pas utilisées dans la charade!

Trouve le quotient.

| A $7\overline{)70}$ **10** | C $8\overline{)5600}$ **700** | D $8\overline{)6400}$ **800** | E $6\overline{)2400}$ **400** |
|---|---|---|---|
| F $4\overline{)2000}$ **500** | L $7\overline{)700}$ **100** | H $9\overline{)8100}$ **900** | I $9\overline{)720}$ **80** |
| M $3\overline{)240}$ **80** | N $3\overline{)3000}$ **1000** | O $4\overline{)160}$ **40** | W $10\overline{)500}$ **50** |
| S $2\overline{)60}$ **30** | T $4\overline{)4800}$ **1200** | U $7\overline{)420}$ **60** | R $7\overline{)630}$ **90** |
| Y $3\overline{)60}$ **20** | Z $5\overline{)500}$ **100** | | |

---

## Page 69 — Charade mathématique

**La mère de Zoé a 3 filles: Chloé, Claire et ?**

Z O É
20  6  2

Attention! Certaines lettres ne sont pas utilisées dans la charade!

Trouve le quotient

| A $7\overline{)77}$ **11** | B $100\overline{)6000}$ **60** | C $3\overline{)45}$ **15** | D $2\overline{)64}$ **32** |
|---|---|---|---|
| E $9\overline{)63}$ **7** | É $9\overline{)18}$ **2** | G $40\overline{)600}$ **15** | H $2\overline{)8}$ **4** |
| I $12\overline{)120}$ **10** | J $10\overline{)140}$ **14** | K $100\overline{)5000}$ **50** | L $10\overline{)700}$ **70** |
| M $5\overline{)60}$ **12** | O $6\overline{)36}$ **6** | P $10\overline{)80}$ **8** | R $5\overline{)45}$ **9** |
| S $10\overline{)4000}$ **400** | T $4\overline{)20}$ **5** | U $7\overline{)21}$ **3** | Z $10\overline{)200}$ **20** |

---

## Page 70 — Charade mathématique

**Au début, je suis grande, mais je deviens de plus en plus petite. Qui suis-je?**

L A  B O U G I E
10 12  11 3  6  9  1  2

Attention! Certaines lettres ne sont pas utilisées dans la charade!

Trouve le quotient.

| A $2\overline{)24}$ **12** | B $2\overline{)22}$ **11** | C $12\overline{)60}$ **5** | D $3\overline{)24}$ **8** |
|---|---|---|---|
| E $3\overline{)6}$ **2** | G $8\overline{)72}$ **9** | F $8\overline{)24}$ **3** | H $100\overline{)1500}$ **15** |
| I $4\overline{)4}$ **1** | L $10\overline{)100}$ **10** | M $2\overline{)16}$ **8** | U $1\overline{)6}$ **6** |
| R $9\overline{)99}$ **11** | O $7\overline{)28}$ **4** | T $7\overline{)49}$ **7** | |

---

## Page 71 — Division avec restes

Utilise la multiplication et la division pour trouver un quotient avec reste.

Pour trouver 22 ÷ 3, pense à un multiple de 3 qui est proche de 22.
Pense: 7 × 3 = 21
Donc, tu sais qu'il y a 3 groupes de 7 dans 22.

Mais comment obtenir 22?
Compte à partir de 21 pour trouver le reste.
21 + 1 = 22, donc le reste est 1
Donc, 22 ÷ 3 = 7 reste 1, ou 7R1

Résous. Utilise la multiplication et l'addition pour trouver le quotient avec reste.

a) 19 ÷ 2 =
Pense: 9 × **2** = 18
18 + **1** = 19
Donc, 19 ÷ 2 = **9**R1

b) 13 ÷ 2 =
Pense: **6** × **2** = 12
12 + **1** = 13
Donc, 13 ÷ 2 = **6**R1

c) 67 ÷ 7 =
Pense: **9** × **7** = 63
63 + **4** = 67
Donc, 67 ÷ 7 = **9**R4

d) 55 ÷ 6 =
Pense: **9** × **6** = 54
54 + **1** = 55
Donc, 55 ÷ 6 = **9**R1

e) 44 ÷ 6 =
Pense: **7** × **6** = 42
42 + **2** = 44
Donc, 44 ÷ 6 = **7**R2

f) 73 ÷ 8 =
Pense: **9** × **8** = 72
72 + **1** = 73
Donc, 73 ÷ 8 = **9**R1

---

## Page 72 — Division avec restes (suite)

Résous. Utilise la multiplication et l'addition pour trouver le quotient avec reste.

a) 15 ÷ 2 =
Pense: **7** × **2** = 14
14 + **1** = 15
Donc, 15 ÷ 2 = **7**R1

b) 25 ÷ 2 =
Pense: **12** × **2** = 24
24 + **1** = 25
Donc, 25 ÷ 2 = **12**R1

c) 47 ÷ 7 =
Pense: **6** × **7** = 42
42 + **5** = 47
Donc, 47 ÷ 7 = **6**R5

d) 63 ÷ 6 =
Pense: **10** × **6** = 60
60 + **3** = 63
Donc, 63 ÷ 6 = **10**R3

e) 54 ÷ 7 =
Pense: **7** × **7** = 49
49 + **5** = 54
Donc, 54 ÷ 7 = **7**R5

f) 38 ÷ 8 =
Pense: **4** × **8** = 32
32 + **4** = 36
Donc, 36 ÷ 8 = **4**R4

g) 78 ÷ 8 =
Pense: **9** × **8** = 72
72 + **6** = 78
Donc, 78 ÷ 8 = **9**R6

h) 85 ÷ 9 =
Pense: **9** × **9** = 81
81 + **4** = 85
Donc, 85 ÷ 9 = **9**R4

## Panel 73

### Division avec restes (suite)

Résous. Utilise la multiplication et l'addition pour trouver le quotient avec reste.

a) 37 ÷ 5 = ____
Pense: __7__ × __5__ =__35__
__35__ + __2__ =__37__
Donc. 37 ÷ 5 = __7R2__

b) 29 ÷ 4 = ____
Pense: __7__ × __4__ =__28__
__28__ + __1__ =__29__
Donc. 29 ÷ 4 = __7R1__

c) 89 ÷ 7 = ____
Pense: __12__ × __7__ =__84__
__84__ + __5__ =__89__
Donc. 89 ÷ 7 = __12R5__

d) 57 ÷ 6 = ____
Pense: __9__ × __6__ =__54__
__54__ + __3__ =__57__
Donc. 57 ÷ 6 = __9R3__

e) 25 ÷ 3 = ____
Pense: __8__ × __3__ =__24__
__24__ + __1__ =__25__
Donc. 25 ÷ 3 = __8R1__

f) 44 ÷ 8 = ____
Pense: __5__ × __8__ =__40__
__40__ + __4__ =__44__
Donc. 44 ÷ 8 = __5R4__

g) 63 ÷ 5 = ____
Pense: __12__ × __5__ =__60__
__60__ + __3__ =__63__
Donc. 63 ÷ 5 = __12R3__

h) 57 ÷ 9 = ____
Pense: __6__ × __9__ =__54__
__54__ + __3__ =__57__
Donc. 57 ÷ 9 = __6R3__

## Panel 74

### Diviser un nombre à 2 chiffres par un nombre à 1 chiffre

Étape 1: Divise pour trouver combien de dizaines vont dans chaque groupe.
Étape 2: Multiplier: 4 dizaines sont placées. Soustrais; il reste 1 dizaine. Donc, il reste 1 dizaine et 1 unité. Écris 1 à côté de 1 dizaine.
Étape 3: Divise pour trouver combien d'unités vont dans chaque groupe.
Étape 4: Multiplie: 10 unités sont placées. Soustrais pour trouver qu'il reste 1 unité. Donc, la réponse est 25 R 1.

R signifie reste

Trouve le quotient. Indice: la réponse d'une division s'appelle le quotient.

a) 8R1  8)65
b) 1R3  7)10
c) 9R2  5)47
d) 22  3)66
e) 9R4  7)67
f) 38R1  2)77
g) 4R2  4)18
h) 5R2  5)27

## Panel 75

### Diviser un nombre à 2 chiffres par un nombre à 1 chiffre (suite)

Divise. Indice: pendant que tu travailles, aligne les dizaines et les unités. Colorie la colonne des dizaines en orange et celle des unités en jaune.

a) 11  7)77
b) 14  7)98
c) 30R1  2)61
d) 4R1  3)13
e) 8R2  3)26
f) 25  2)50
g) 25  3)75
h) 19R1  2)39
i) 21  4)84
j) 6R1  3)19
k) 18  5)90
l) 7R4  7)53

## Panel 76

### Diviser un nombre à 2 chiffres par un nombre à 1 chiffre (suite)

Divise. Indice: pendant que tu travailles, aligne les dizaines et les unités. Colorie la colonne des dizaines en orange et celle des unités en jaune.

a) 6R2  7)44
b) 43  2)86
c) 7R4  5)39
d) 20R1  2)41
e) 18  3)54
f) 15R1  6)91
g) 16R1  4)65
h) 28R1  2)57
i) 24R1  2)49
j) 4R1  6)25
k) 12R6  7)90
l) 29  3)87

## Panel 77

### Diviser un nombre à 2 chiffres par un nombre à 1 chiffre (suite)

Divise. Indice: pendant que tu travailles, aligne les dizaines et les unités. Colorie la colonne des dizaines en orange et celle des unités en jaune.

a) 9R7  8)79
b) 16  3)48
c) 42R1  2)85
d) 32  2)64
e) 22R2  3)88
f) 5R4  7)39
g) 7R4  6)46
h) 12  8)96
i) 13R4  5)69
j) 8R5  9)77
k) 13  5)65
l) 14R1  4)57

## Panel 78

### Diviser des nombres à plusieurs chiffres

Divise.

Indice: Il y a moins de centaines que de groupes. Donc, la division commence avec les dizaines.

a) 495R1  2)991
b) 172R1  2)345
c) 67  9)603
d) 34  7)238
e) 61  6)366
f) 111R2  8)890
g) 131R4  5)659
h) 134R1  4)537
i) 84R2  3)254
j) 62R1  3)187

## Panel 79

### Diviser des nombres à plusieurs chiffres (suite)

Divise. Indice: pendant que tu travailles, aligne les dizaines et les unités. Colorie la colonne des dizaines en orange, celle des unités en jaune et celle des centaines en vert.

a) 131R3  4)527
b) 58R3  5)293
c) 124R5  6)749
d) 34R2  8)274
e) 314R1  3)943
f) 52R3  9)471
g) 127  6)762
h) 28R2  5)142
i) 218R2  3)656
j) 215R1  2)431
k) 412R1  2)825
l) 122  4)488

## Panel 80

### Diviser des nombres à plusieurs chiffres (suite)

Divise. Indice: pendant que tu travailles, aligne les dizaines et les unités. Colorie la colonne des dizaines en orange, celle des unités en jaune et celle des centaines en vert.

a) 152  5)760
b) 37  7)259
c) 187R1  4)749
d) 46  8)368
e) 217R1  3)652
f) 41  9)369
g) 74  6)444
h) 151  5)755
i) 91  7)637
j) 428R1  2)857
k) 55R1  2)111
l) 162R2  3)488

## Panel 81

### Estimer un quotient

Utilise des nombres compatibles pour estimer un quotient. Les nombres compatibles sont des nombres qui se divisent également.

Estime. 243 ÷ 6. Divise les 2 premiers chiffres de 243 par 6. Combien de 6 peuvent aller dans 24?
Pense: 24 ÷ 6 = 4
240 ÷ 6 = 40. Puisque c'est un estimé, écris 0 à la place des unités. Le quotient estimé est 40

Utilise des nombres compatibles pour estimer un quotient. Laisse des traces de ta démarche.

a) 5)355
b) 3)246
c) 4)284

__35__ ÷ __5__ = __7__
__350__ ÷ __5__ = __70__

__24__ ÷ __3__ = __8__
__240__ ÷ __3__ = __80__

__28__ ÷ __4__ = __7__
__280__ ÷ __4__ = __70__

d) 2)128
e) 6)488
f) 7)581

__12__ ÷ __2__ = __6__
__120__ ÷ __2__ = __60__

__42__ ÷ __6__ = __7__
__420__ ÷ __6__ = __70__

__56__ ÷ __7__ = __8__
__560__ ÷ __7__ = __80__

## Page 82

**Estimer un quotient** (suite)

Estime: 312 ÷ 4
Pense: Quels multiples de 4 sont près de 31?
28 est trop petit.     32 est près de 31.     36 est trop élevé.

32 ÷ 4 = 8          Donc, essaie 8.
320 ÷ 4 = 80      Écris 0 à la place des unités.

**Le quotient estimé est 80.**

Utilise des nombres compatibles pour estimer un quotient.
Laisse des traces de la démarche.

a) 3⟌143     b) 4⟌254     c) 5⟌224

12 ÷ 3 = 4          24 ÷ 4 = 6          20 ÷ 5 = 4
120 ÷ 3 = 40      240 ÷ 4 = 60      200 ÷ 5 = 40

d) 6⟌431     e) 8⟌634     f) 5⟌365

42 ÷ 6 = 7          64 ÷ 8 = 8          35 ÷ 5 = 7
420 ÷ 6 = 70      640 ÷ 8 = 80      350 ÷ 5 = 70

**82**

## Page 83

**Amusons-nous avec les divisions! —Test 1**

1. 12 ÷ 12 = 1
2. 22 ÷ 11 = 2
3. 90 ÷ 10 = 9
4. 121 ÷ 11 = 11
5. 40 ÷ 8 = 5
6. 7 ÷ 7 = 1
7. 0 ÷ 6 = 0
8. 35 ÷ 5 = 7
9. 44 ÷ 4 = 11
10. 12 ÷ 3 = 4
11. 8 ÷ 2 = 4
12. 3 ÷ 1 = 3
13. 132 ÷ 12 = 11
14. 55 ÷ 11 = 5
15. 120 ÷ 10 = 12
16. 99 ÷ 9 = 11
17. 72 ÷ 8 = 9
18. 6 ÷ 6 = 1
19. 20 ÷ 5 = 4
20. 48 ÷ 4 = 12

21. 0 ÷ 5 = 0
22. 86 ÷ 6 = 11
23. 35 ÷ 7 = 5
24. 48 ÷ 8 = 6
25. 88 ÷ 8 = 11
26. 0 ÷ 10 = 0
27. 77 ÷ 11 = 7
28. 60 ÷ 12 = 5
29. 4 ÷ 1 = 4
30. 108 ÷ 9 = 12
31. 24 ÷ 2 = 12
32. 42 ÷ 7 = 6
33. 15 ÷ 3 = 5
34. 12 ÷ 6 = 2
35. 30 ÷ 5 = 6
36. 8 ÷ 4 = 2
37. 20 ÷ 10 = 2
38. 96 ÷ 12 = 8
39. 33 ÷ 3 = 11
40. 16 ÷ 2 = 8

Nombre de bonnes réponses
___ / 40

**83**

## Page 84

**Amusons-nous avec les divisions!—Test 2**

1. 6 ÷ 2 = 3
2. 0 ÷ 3 = 0
3. 28 ÷ 4 = 7
4. 50 ÷ 5 = 10
5. 72 ÷ 6 = 12
6. 0 ÷ 7 = 0
7. 16 ÷ 8 = 2
8. 54 ÷ 9 = 6
9. 80 ÷ 10 = 8
10. 88 ÷ 11 = 8
11. 120 ÷ 12 = 10
12. 9 ÷ 1 = 9
13. 3 ÷ 3 = 1
14. 55 ÷ 5 = 11
15. 63 ÷ 7 = 9
16. 27 ÷ 3 = 9
17. 66 ÷ 11 = 6
18. 12 ÷ 2 = 6
19. 24 ÷ 4 = 6
20. 48 ÷ 8 = 6

21. 60 ÷ 10 = 6
22. 42 ÷ 6 = 7
23. 70 ÷ 7 = 10
24. 45 ÷ 9 = 5
25. 14 ÷ 2 = 7
26. ___
27. 108 ÷ 12 = 9
28. 33 ÷ 11 = 3
29. 18 ÷ 9 = 2
30. 32 ÷ 8 = 4
31. 77 ÷ 7 = 11
32. 30 ÷ 6 = 5
33. 5 ÷ 5 = 1
34. 36 ÷ 4 = 9
35. 6 ÷ 3 = 2
36. 10 ÷ 2 = 5
37. 0 ÷ 1 = 0
38. 72 ÷ 12 = 6
39. 40 ÷ 10 = 4
40. 0 ÷ 8 = 0

Nombre de bonnes réponses
___ / 40

**84**

## Page 85

**Amusons-nous avec les divisions!—Test 3**

1. 12 ÷ 1 = 12
2. 22 ÷ 2 = 11
3. 9 ÷ 3 = 3
4. 18 ÷ 4 = 4
5. 40 ÷ 5 = 8
6. 54 ÷ 6 = 9
7. 14 ÷ 7 = 2
8. 64 ÷ 8 = 8
9. 72 ÷ 9 = 8
10. 10 ÷ 10 = 1
11. 110 ÷ 11 = 10
12. 36 ÷ 12 = 3
13. 25 ÷ 5 = 5
14. 60 ÷ 6 = 10
15. 28 ÷ 7 = 4
16. 88 ÷ 8 = 11
17. 9 ÷ 9 = 1
18. 30 ÷ 10 = 3
19. 0 ÷ 11 = 0
20. 144 ÷ 12 = 12

21. 2 ÷ 2 = 1
22. 36 ÷ 4 = 9
23. 18 ÷ 6 = 3
24. 24 ÷ 8 = 3
25. 100 ÷ 10 = 10
26. 84 ÷ 12 = 7
27. 27 ÷ 3 = 9
28. 15 ÷ 5 = 3
29. 49 ÷ 7 = 7
30. 81 ÷ 9 = 9
31. 1 ÷ 1 = 1
32. 44 ÷ 11 = 4
33. 0 ÷ 4 = 0
34. 36 ÷ 3 = 12
35. 20 ÷ 2 = 10
36. 6 ÷ 1 = 6
37. 36 ÷ 6 = 6
38. 55 ÷ 5 = 11
39. 4 ÷ 4 = 1
40. 18 ÷ 3 = 6

Nombre de bonnes réponses
___ / 40

**85**

## Page 86

**Amusons-nous avec les divisions!—Test 4**

1. 7 ÷ 1 = 7
2. 20 ÷ 2 = 10
3. 6 ÷ 3 = 2
4. 20 ÷ 4 = 5
5. 35 ÷ 5 = 7
6. 48 ÷ 6 = 8
7. 77 ÷ 7 = 11
8. 80 ÷ 8 = 10
9. 108 ÷ 9 = 12
10. 100 ÷ 10 = 10
11. 22 ÷ 11 = 2
12. 144 ÷ 12 = 12
13. 55 ÷ 5 = 11
14. 18 ÷ 6 = 3
15. 42 ÷ 7 = 6
16. 64 ÷ 8 = 8
17. 81 ÷ 9 = 9
18. 30 ÷ 10 = 3
19. 0 ÷ 11 = 0
20. 36 ÷ 12 = 3

21. 20 ÷ 5 = 4
22. 16 ÷ 4 = 4
23. 42 ÷ 6 = 7
24. 24 ÷ 8 = 3
25. 10 ÷ 10 = 1
26. 108 ÷ 12 = 9
27. 21 ÷ 3 = 7
28. 49 ÷ 7 = 7
29. 9 ÷ 9 = 1
30. 0 ÷ 1 = 0
31. 99 ÷ 11 = 9
32. 32 ÷ 4 = 8
33. 36 ÷ 3 = 12
34. 22 ÷ 2 = 11
35. 2 ÷ 1 = 2
36. 36 ÷ 6 = 6
37. 25 ÷ 5 = 5
38. 40 ÷ 4 = 10
39. 15 ÷ 3 = 5

Nombre de bonnes réponses
___ / 40

**86**

## Page 87

**Amusons-nous avec les divisions!—Test 5**

1. 12 ÷ 12 = 1
2. 22 ÷ 11 = 2
3. 90 ÷ 10 = 9
4. 121 ÷ 11 = 11
5. 40 ÷ 8 = 5
6. 7 ÷ 7 = 1
7. 0 ÷ 6 = 0
8. 35 ÷ 5 = 7
9. 44 ÷ 4 = 11
10. 12 ÷ 3 = 4
11. 8 ÷ 2 = 4
12. 3 ÷ 1 = 3
13. 132 ÷ 12 = 11
14. 55 ÷ 11 = 5
15. 120 ÷ 10 = 12
16. 99 ÷ 9 = 11
17. 72 ÷ 8 = 9
18. 6 ÷ 6 = 1
19. 20 ÷ 5 = 4
20. 48 ÷ 4 = 12

21. 0 ÷ 5 = 0
22. 66 ÷ 6 = 11
23. 45 ÷ 9 = 5
24. 48 ÷ 8 = 6
25. 88 ÷ 8 = 11
26. 0 ÷ 10 = 0
27. 77 ÷ 11 = 7
28. 60 ÷ 12 = 5
29. 4 ÷ 1 = 4
30. 108 ÷ 9 = 12
31. 24 ÷ 2 = 12
32. 42 ÷ 7 = 6
33. 15 ÷ 3 = 5
34. 12 ÷ 6 = 2
35. 30 ÷ 5 = 6
36. 8 ÷ 4 = 2
37. 20 ÷ 10 = 2
38. 96 ÷ 12 = 8
39. 33 ÷ 3 = 11
40. 16 ÷ 2 = 8

Nombre de bonnes réponses
___ / 40

**87**

## Page 88

**Amusons-nous avec les divisions!—Test 6**

1. 80 ÷ 4 = 20
2. 180 ÷ 2 = 90
3. 3000 ÷ 6 = 500
4. 40 ÷ 4 = 10
5. 8000 ÷ 5 = 1200
6. 240 ÷ 6 = 40
7. 5600 ÷ 7 = 800
8. 960 ÷ 8 = 120
9. 70 000 ÷ 10 = 7000
10. 1100 ÷ 10 = 110
11. 11 000 ÷ 11 = 1000
12. 7200 ÷ 12 = 600
13. 450 ÷ 5 = 90
14. 6600 ÷ 6 = 1100
15. 840 ÷ 7 = 120
16. 80 ÷ 8 = 10
17. 63 000 ÷ 9 = 7000
18. 5000 ÷ 10 = 500
19. 990 ÷ 11 = 90
20. 480 ÷ 12 = 40

21. 100 ÷ 5 = 20
22. 1200 ÷ 4 = 300
23. 48 000 ÷ 6 = 8000
24. 5600 ÷ 8 = 700
25. 90 ÷ 10 = 9
26. 1200 ÷ 12 = 100
27. 90 ÷ 3 = 30
28. 2500 ÷ 5 = 500
29. 350 ÷ 7 = 50
30. 99 000 ÷ 9 = 11 000
31. 48 000 ÷ 4 = 12 000
32. 880 ÷ 11 = 80
33. 2400 ÷ 4 = 600
34. 600 ÷ 3 = 200
35. 1400 ÷ 2 = 700
36. 250 ÷ 5 = 50
37. 36 000 ÷ 6 = 6000
38. 60 ÷ 5 = 12
39. 30 ÷ 5 = 6
40. 150 ÷ 3 = 50

Nombre de bonnes réponses
___ / 40

**88**

**100**

© Chalkboard Publishing